财商养成

父子
对话话财经

FUZI DUIHUA HUA CAIJING

冯泓树 冯伟　著

西南财经大学出版社

中国·成都

图书在版编目（CIP）数据

财商养成:父子对话话财经/冯泓树,冯伟著.—成都:西南财经大学出版社,
2020.5
ISBN 978-7-5504-4353-2

Ⅰ.①财… Ⅱ.①冯… ②冯… Ⅲ.①财务管理—中小学—课外读物
Ⅳ.①G634.983

中国版本图书馆 CIP 数据核字（2020）第 012763 号

财商养成：父子对话话财经
CAISHANG YANGCHENG:FUZI DUIHUA HUA CAIJING

冯泓树　冯伟　著

总 策 划:李玉斗
策划编辑:王正好　何春梅
责任编辑:何春梅
封面设计:摘星辰·Diou
责任印制:朱曼丽

出版发行	西南财经大学出版社（四川省成都市光华村街 55 号）
网　　址	http://www.bookcj.com
电子邮件	bookcj@foxmail.com
邮政编码	610074
电　　话	028-87353785
照　　排	四川胜翔数码印务设计有限公司
印　　刷	四川五洲彩印有限责任公司
成品尺寸	165mm×230mm
印　　张	9.75
字　　数	97 千字
版　　次	2020 年 5 月第 1 版
印　　次	2020 年 5 月第 1 次印刷
书　　号	ISBN 978-7-5504-4353-2
定　　价	48.00 元

第三部分 初中阶段

28. 我们是房奴吗？ …………………… 85

29. 为什么低买高卖还赚不到钱呢？ …… 87

30. 为什么海边的虾要便宜些呢？ …… 90

31. 为什么机票早买更便宜？ …………… 93

32. 什么是啃老族？ …………………… 96

33. 赛车手和出租车司机 ……………… 99

34. 发票是证明我们吃的是什么吗？ … 102

35. 有牛市，有没有猪市？ …………… 104

36. 爷爷的养老金 ……………………… 107

37. 眼光就是财富 ……………………… 109

38. 金钱不是衡量成功的唯一标准 …… 112

39. 我也要鱼竿 ………………………… 114

40. 投资需要很多钱吗？ ……………… 116

41. 什么是金融危机？ ………………… 119

42. 我也有社保卡 ……………………… 124

43. 办企业很难吗？ ·················· 126

44. 税收就是大家交、大家用 ·············· 129

45. 买保险就是保证汽车不被撞吗？ ··· 132

46. 出租车为什么要有起步价？ ········· 135

47. 国家也要借钱吗？ ·············· 138

48. 为什么破产了还要保护？ ········· 141

49. 什么是裸捐？ ················ 144

参考文献 ················ 147

第一部分

幼儿园阶段

1. 钱是什么"东东"？

星期天下午，乐乐一进屋，就急匆匆地对爸爸说："爸爸，你有没有7元钱，我要买支水枪来玩儿。"

乐乐爸爸拿出一张5元和两张1元的钱给乐乐，结果乐乐嘟着嘴，说："我只要一张7元的钱，我不要这么多张。"

乐乐爸爸："这3张加起来就是7元钱。"

乐乐疑惑地拿着钱去买水枪，不一会儿，乐乐买回水枪并高兴地玩了起来。

玩了一会儿，乐乐爸爸问："今天你用钱买了水枪，可你知道什么是钱吗？"

乐乐摇摇头。

乐乐爸爸拿出准备好的硬币和纸币放在桌子上，然后对乐乐说："乐乐，你看这些是什么？"

乐乐："这些是什么啊？"

乐乐爸爸："这些都是我们国家的货币。"

乐乐："这些钱都长得不一样呢。"

乐乐爸爸："我们国家的钱分为两种，一种是硬币，一种是纸币。"

乐乐："圆的是硬币，纸做的是纸币，对吧？"

乐乐爸爸摸摸乐乐的头，接着说："对。我们现在用的人民币共有1角、5角、1元、5元、10元、20元、50元、100元8种。其中1角、5角和1元，不仅有纸币，还有硬币哦，所以要小心不要搞混了。"

乐乐爸爸在手里放了3个硬币："乐乐，你来看看这3个硬币有什么不同的地方？"

乐乐看了一会儿说："大小不一样，上面还有字。"

乐乐爸爸："对，你仔细看，1元的硬币印有'1元'的字样，5角和1角的硬币也是有字的，上面都有数字和汉字。可以从上面认出来是多少钱。"

乐乐说："今天买的水枪是7元钱，我是不是可以用7个1元买水枪呢？"

乐乐爸爸："乐乐真棒。今天我给你的是一张5元的钞票加上两张1元的钞票。但也可以用7张1元的钞票或是7个1元的硬币买水枪。你好好学习加减法就能熟练地用钱了。"

乐乐："那为什么钱有这么多种呢？"

乐乐爸爸："因为买的东西需要的钱不一样，所以要有很多种钱来组合，这样就能很方便地买东西了。两个5角就等于1元，5个1角就等于5角。"

接着，乐乐爸爸把8个5角硬币放在乐乐的左手，又放了两个1元的硬币在乐乐的右手。

乐乐爸爸说："你现在拿着左手和右手的钱去小区门口的超市买棒棒糖回来。你先给老板左手的钱，看看他给你几个棒棒糖，再给他右手的钱，看看给你几个棒棒糖。"

乐乐高高兴兴地出门去了。不一会儿，他就回到爸爸面前，摇摇手上的棒棒糖："爸爸，爸爸，左手的钱买到两个棒棒糖，右手的钱买到一个棒棒糖呢。"

乐乐爸爸："那现在你告诉爸爸多少个1角等于1元啊？"

乐乐数着硬币说："5个1角等于5角，两个5角就等于1元，10个1角也等于1元。"

乐乐爸爸笑呵呵地说："那能买几个棒棒糖啊？"

"爸爸，刚刚我就知道了，2元只能买一个棒棒糖。"乐乐大声地说。

乐乐爸爸笑着说："你把硬币翻过来，1元的背面是一朵菊花，5角的是荷花，1角的是兰花，你要看清楚，使用的时候才不会搞错。"

乐乐："爸爸，我知道了，但我认不出这是什么花呢。"

"没关系，你长大点就认得清楚了。"乐乐爸爸慈爱地看着乐乐，"你还记得上回我们去桂林吗？你说桂林的山看起来像竹笋一样好吃呢。20元背面的图案是桂林的好山好水，还记得我说过'桂林山水甲天下'吗？"

乐乐激动地叫了起来："记得，这个地方我去过！"

乐乐爸爸展示着手上不同的纸币说："50元钱背面的图案是布达拉宫，100元背面是人民大会堂。这些都是有名的地方，以后我们有时间都去看看。如果乐乐拿一张10元的钱去买一支7元钱的水枪，要注意什么呢？"

乐乐："要叔叔找钱给我。"

乐乐爸爸："对，要把找回来的钱算清楚。还要注意把钱收好，放到衣服的口袋里，不然就容易掉了。记住了吗，乐乐？"

乐乐："记住了。我都认识了！"

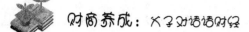

2. 钱儿子和钱孙子

欢乐的春节过完了，有一天奶奶问乐乐："你今年收到了多少压岁钱啊？"

乐乐跑回房间，拿出红包得意地回答："我有好几千元呢。"

乐乐爸爸："乐乐，你把压岁钱给我，我给你保管。"

乐乐："不行，这是给我的钱。"

"那奶奶帮你存在银行里。"奶奶笑呵呵地和乐乐打趣道。

乐乐说："我想买玩具，如果把钱都放在银行里要过很久才能领回来。"

"可是放在银行里有利息啊。钱会生出很多钱儿子和钱孙子。有了钱儿子和钱孙子，你就可以买更多的洋娃娃和小飞机了。"乐乐爸爸接着说。

"那什么是利息呢？为什么会有钱儿子和钱孙子呢？"乐乐问爸爸。

乐乐爸爸："利息就是我们把钱存入银行里，等到了一定时间会有多出来的钱，这就是钱儿子。我们的钱加上利息，再过一段时间又会多出一笔钱，这就是钱孙子了。"

乐乐听见爸爸这样说，一下子来了兴趣，觉得钱还会生钱儿子和钱孙子很有意思。

乐乐爸爸接着说道："你把你现在的 2 000 元想成是钱爸钱妈，这就是本金。钱爸钱妈在银行待一年就可以生下钱儿子、钱女儿，这就叫利息了。比如我们把 1 000 元存到银行，一年后你就可以拿到 1 035 元，这 35 元就是你的利息，也就是钱儿子啦。明白了吗？"

乐乐："明白了。我多了 35 元。好神奇啊！"

乐乐爸爸："这只是个小魔法。当你把钱爸妈加上钱儿女一直放在银行里，就会看到钱孙子了。最大的魔法是你一年一年不停地把钱存进去，等到你 18 岁时，你的钱子钱孙就会儿孙满堂了。"

"哇！这还算小魔法啊！"乐乐叫着。

乐乐爸爸接着说："是啊，魔法有很多种。通常我们不着急用的钱，就可以选择存为五年期的定期存款。这个魔法获得的'钱儿子'更多呢。你快拿着红包，我们到银行存钱去，好不好？"

乐乐着急地说："好的，爸爸。但是，先帮我买个玩具再去银行变魔法啊。"

"魔法可不是这样变的呢，要先生出钱孙子才能买玩具。"乐乐爸爸笑着说。

说完，乐乐就兴高采烈地和爸爸到银行去了。

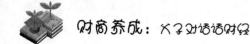

3. 钱还有假的？

一天，乐乐从幼儿园回到家。

乐乐问："爸爸，假钱是什么样子的？"

乐乐爸爸："假钱和真钱外观都差不多，只是纸张和印制有区别。你怎么突然问起假钱呢？"

乐乐："明天每个小朋友要交 50 元钱给老师，我们要买六一儿童节跳舞穿的新衣服。老师说原来收到过假钱，要大家在 50 元钱上面写上名字。"

乐乐爸爸："知道了，但是我们不能在钱上写字。"

乐乐："那不行，老师说的要写。"

乐乐爸爸："那我们把 50 元钱装进信封里，然后在信封上写你的名字，就解决了这个难题。"

乐乐爸爸继续说："乐乐，国家法律有规定，不能在人民币上乱涂乱画，这会影响人民币的使用。你如果在人民币上画了画，把数字都遮住了，就不知道是多少钱了。"

乐乐爸爸拿出一张 50 元的钱给乐乐看："乐乐，你看这就是人民币，这上面印有数字 50，表示这是 50 元的钱。"

乐乐："人民币？"

乐乐爸爸："对了，我们国家的钱都叫人民币，外国的钱就不叫人民币。"

乐乐："美国的钱叫什么呢？"

乐乐爸爸："美国的钱叫美元，俄罗斯的钱叫卢布，英国的钱叫英镑，日本的钱叫日元，每个国家的钱都有一个名字，钱的图案颜色也不一样。"

乐乐："钱还不一样？"

乐乐爸爸："是的，一个国家的钱常被比作一个国家的'名片'，我们要爱护人民币，不能在人民币上乱写乱画。"

乐乐："好吧，那我们就把名字写在信封上。"

乐乐爸爸："我们要好好地保护钱，钱是辛辛苦苦挣来的。你看爸爸妈妈平时都习惯用钱包把钱装好，就不容易弄丢了。"

乐乐："我也要个钱包。"

乐乐爸爸："好的，改天我们去买，把你的零用钱整齐地放进去。相关法律规定每个人都应当爱护人民币，禁止有人故意毁损人民币，如果故意损坏人民币，还要被罚款。"

乐乐："那不小心把钱弄烂了怎么办呢？"

乐乐爸爸："乐乐真聪明，这都想到了。如果钱残缺了、弄得太脏了，可以到银行去换。如果是假钱就要被银行没收。"

乐乐："假钱不能用吗？"

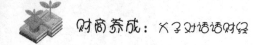

乐乐爸爸继续说："对的，那些假钱不能用。"

乐乐："老师也不收假钱。印假钱的人是坏蛋。"

乐乐爸爸："对的，警察叔叔会抓印假钱的人的。过几天你们班建立了家长微信群就不会让你们交钱了，大家通过微信转钱给老师就好了。"

乐乐："嗯，微信转账就不会有假钱了。"

乐乐爸爸："对呀，现在使用电子货币既方便又安全。"

4. 别人都有了，为什么不给我买呢?

星期天早晨，乐乐妈妈把一件新买的上衣递给乐乐，让他穿。乐乐脱口而出:"妈妈，是名牌吗?"

这一问让乐乐妈妈吃了一惊，于是问乐乐:"乐乐，你觉得什么是名牌呢?"

乐乐:"我们幼儿园很多小朋友穿的衣服上都有维尼熊的图案，听说是名牌呢!"

乐乐妈妈:"衣服什么品牌不重要，只要穿在身上舒适得体，干干净净就足够了。"

乐乐:"不要! 其他小朋友都有熊熊的衣服，我也要买件那样的衣服。"

乐乐妈妈:"乐乐你已经有很多衣服，并且都很好看。今天你试试穿这件，很精神的!"

乐乐:"别人都有了，为什么不给我买呢?"

乐乐妈妈:"每个小朋友都有很多衣服和玩具。你有电动汽车，其他小朋友还没有呢。"

乐乐爸爸走过来对乐乐说："其实呀，穿名牌、用名牌都没用，人要当'名牌人'才有用。"

乐乐不解地问："什么叫'名牌人'呀？"

乐乐爸爸："记得我们去看过的羽毛球比赛吗？给你衣服上签名的林丹，他就是一个'名牌人'。"

乐乐说："我最喜欢林丹了！我喜欢看他打球。"

乐乐爸爸："对极了！林丹自己就是一个名牌。他给你的衣服签了名，你的衣服也就变成了名牌。所以当'名牌人'才是最有用的。"

过了一会儿，乐乐突然说："嗯，我们班也有明星。"

乐乐妈妈问："谁呀？"

乐乐："小西天天换花裙子，老师都夸她漂亮。"

乐乐妈妈："老师是说她的裙子漂亮吧。小朋友们最喜欢的是她吗？"

乐乐："不是啊，大家喜欢的是顺顺。"

乐乐妈："为什么？"

乐乐："顺顺最棒、最能干了，老师课堂上的提问他都能答对。他还会说英语……"

乐乐妈妈："那么，你愿意学那个天天换花裙子的小姑娘，还是愿意学顺顺呢？"

乐乐："当然愿意学顺顺呀！"

乐乐爸爸："对极了！其实穿得漂亮没有用，爱学习、身体好，和同学相处融洽，全面发展才是真正的优秀。你看你们的同学朱朱，他有很多游戏机，可是他现在眼睛近视了，戴上了小眼镜，就不能成为像林丹那样的羽毛球明星了。"

乐乐："幸好我打游戏打得少，不然我也是'小眼镜'了。"

乐乐爸爸："不管是名牌衣服还是玩具，即使别人有了，你也不要去比较，要做自己喜欢的事情，有自己独特的个性。你喜欢打羽毛球和写书法，爸爸妈妈都全心全意培养你，你也要加油练习，慢慢积累实力，以后你就可以成为你们班里人人夸赞的'名牌人'了。"

乐乐："我知道了，我也要好好加油，争取当'名牌人'。"

13

5. 我们买不起吗？

14

有一天，乐乐和爸爸高高兴兴地到商场去。

乐乐爸爸对乐乐说："今天我们到商场是去买羽毛球拍的，不准备买其他东西，也不买玩具，好吗？"

乐乐："好，我只去看看玩具。"

来到商场，乐乐和爸爸一起到体育用品区买好了球拍，然后乐乐就拉着爸爸来到玩具区。

在商场的玩具区，乐乐兴奋地穿梭于各种玩具之间，一会儿拿起这个，一会儿抓起那个，不停地跑来跑去，兴奋不已。

后来乐乐抱起一个玩具枪，心满意足地走到爸爸面前："爸爸，我要买这个玩具。"

乐乐爸爸："不行，乐乐，今天我们说好了的，不买玩具，你看一下就好了，下次有需要的时候再来买。"

乐乐："为什么不行呢？"

乐乐爸爸："不是每次到商场都要买玩具的，你已经有很多玩具枪了。"

乐乐不乐意了，在爸爸面前反复表达想买玩具枪的愿望，爸爸一直没同意。

乐乐突然大声说："爸爸，你没有钱吗？"

乐乐爸爸想了想，回答说："不，爸爸有钱。"

乐乐："那是太贵了，我们买不起吗？"

乐乐爸爸："乐乐，这个玩具枪，我们买得起，但我们不需要在这上面花更多的钱，因为家里已经有几把玩具枪了。"

乐乐有点不知所措："这可是最新款的玩具枪，和家里的不一样。"

乐乐爸爸："你已经买过很多玩具枪了。我们没必要花钱买很多同一类型的玩具，而是要买其他更有用的东西。"

乐乐："那我们去买其他东西吧。"

15

乐乐爸爸："买其他东西，还要看是不是你需要的，钱要花在更有价值的地方。"

乐乐："那什么东西能够买呢？"

乐乐爸爸："什么东西可以买，钱是我们需要考虑的其中一个重要因素。比如有的东西刚上市的时候价格太贵了，但爸爸妈妈认为是家里的必需品，我们可以等待它打折的时候再来买。"

乐乐："那不贵的东西随时都可以买吗？"

乐乐爸爸："便宜的东西也不是都要买，还要看我们家里需不需要。如果不需要，花再少的钱也是浪费，比如我们买太多的玩具就是浪费。如果是我们需要的，只要价格合理、性价比高，就可以买。今天我们来买羽毛球拍，是用来给大家锻炼身体的，是我们需要的。"

乐乐："知道了。"

乐乐爸爸："每个月我们家里买东西都是有计划、有安排的。爸爸妈妈和你一样，买东西也要按照计划来，不是想买就买。你每年只有儿童节、春节和过生日才买玩具。"

乐乐："好，我等到过生日的时候再买这个玩具枪。"

乐乐爸爸："嗯，乐乐，我们要养成存钱的习惯，等到放假的时候，我们全家才有钱去旅游。现在我们去麦当劳吃点东西吧。"

乐乐高兴地和爸爸走进了麦当劳。

6. 两个玩具我都想要

儿童节到了，乐乐早早地起了床。

乐乐急急忙忙跑到爸爸跟前说："爸爸，今天是儿童节，我可以买玩具了，你要多带点钱。"

乐乐的话提醒了爸爸。乐乐爸爸想了想，对乐乐说："对，你先想一想，今天出去玩些什么、吃些什么，我们先计划一下再出门，好吗？"

乐乐："好，我想要买个玩具。"

乐乐爸爸："还有别的吗？你先自己想一下，然后告诉我和妈妈，出门前我们先计划，就是有一个预算。这样你也玩得高兴。"

乐乐："好，我要买一个玩具，还要吃牛排。打 10 个游戏币的游戏，买一本漫画书，还要看电影，可以吗？"

乐乐妈妈："你提的这些可能要花很多钱，但是今天我们给你的预算是 150 元，你要想清楚，吃牛排要花 50 元，玩游戏 10 元，买书 20 元，看电影 20 元，那剩下的钱只能买 50 元的玩具，这样钱就花光了，如果你看到其他想买的东西超过预算，就不能买了。"

乐乐："可是买玩具的钱太少了，50 元买不到我想买的玩具枪。"

乐乐妈妈："那不行，你现在就要想好，你可以选择买一个便宜一点的玩具或者重新安排你要买的东西。"

乐乐爸爸接着说："乐乐，爸爸妈妈陪你去玩，你要给爸爸妈妈买瓶水，好不好？上次你到游乐园去玩，拿了 100 元，先买了一个玩具花了 80 元，后来玩了一个游戏项目，结果都没钱吃冰淇淋了。"

"好吧。"乐乐犹豫了一下，嘟着嘴巴同意了。

乐乐妈妈："要记住啦，不许反悔了，今后出去玩我们都要计划好了再出门。现在你要重新计划。"

乐乐："好，我就只吃牛排、买书、看电影、买水，再买个小玩具，不打游戏了。"

乐乐妈妈："嗯，乐乐这样安排更合理了呢。今后你长大了，要学会记账。比如今后过生日、儿童节、春节等，都要做一个计划，有一个预算，在爸爸妈妈同意的情况下，按照预算去做，不能随时改变主意，这样就不会乱消费。我们大人买东西都要先有计划有安排，不是想买什么就买什么、想用多少钱就用多少钱，明白了吗？"

乐乐:"为什么用钱要先计划呢?"

乐乐妈妈:"因为我们家的收入是爸爸妈妈上班的工资,两个人的钱加起来就那么多,比较固定。我们每个月要开支多少,事先都有个计划,不然钱就不够用,万一遇到生病等急需用钱的事怎么办呢? 如果每个月发了工资后不做计划而随意乱用的话,半个月就把钱用完了,那后半个月全家人就只有饿肚子了。你愿意饿肚子吗?"

乐乐:"那不就饿死了。"

乐乐爸爸找来一本寓言故事书,翻到一个寓言故事,对乐乐说:"乐乐,我们一起来看这个故事吧。"

一只小狐狸来到兔子经常出没的地方藏起来,等着抓兔子吃,结果等了一天,没见着一只兔子。天黑了,小狐狸饿得眼冒绿光,疲惫地回到家。

19

小狐狸对老狐狸抱怨说:"真是生不逢时啊! 不然我想得好好的计谋,为什么总是不成功。"

老狐狸问:"你告诉我,你是在什么时候制定的计谋?"

小狐狸说:"啥时候? 都是肚子饿了的时候呗!"

老狐狸笑了:"对啦,问题就在这里! 饥饿和周密考虑从来走不到一块。你以后一定要趁肚子饱饱的时候再制定计谋,这样就会有好的结果了。"

乐乐妈妈:"乐乐,故事里的小狐狸为什么会饿肚子啊?"

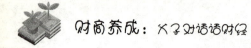

乐乐："因为小狐狸等到饿肚子的时候才想起来去找吃的，没有提前做计划，所以经常饿肚子。"

乐乐妈妈："乐乐真聪明，所以用钱的时候就要计划，学会合理花钱很重要，你要认真学习这种本领。"

乐乐："好。"

7. 我们家很穷吗?

春天来了,乐乐一家人在屋顶的小花园晒太阳。爸爸给乐乐买了个风车,乐乐把风车拿在手上,微风吹着风车转个不停。

乐乐突然问道:"妈妈,我们家很穷吗?"

乐乐的爸爸妈妈听了有点吃惊。于是乐乐爸爸问道:"你为什么这样问呢?"

乐乐:"我们班的春春家有宝马车。昨天,春春还和我说他家很有钱,所以开宝马车,不像我们家的车什么马都不是。放假了他们还要坐飞机出去玩。所以春春说我们家很穷。"

乐乐妈妈:"是的,我们家的车没有春春家的车贵,不过车是爸爸妈妈上下班的交通工具,家里有辆车,节假日带你出去玩也会方便一些。"

乐乐爸爸:"乐乐,你觉得穷是什么呢?"

乐乐回答:"穷是没有大车子坐,没有大房子住,也没有……"

乐乐爸爸:"乐乐,富和穷不是这样比较的。我们有够用的东西，不叫穷。我们家车子小，够坐就好。我们不用和别人比谁更有钱。"

乐乐妈妈："我们家不穷，但也不富有。爸爸妈妈都在上班，赚的钱够我们一家生活开销和培养乐乐成才。一家人在一起过得开心、快乐才是生活中最重要的事情。有大屋子住不一定就开心，比如，打扫起来可就累了。"

乐乐听了，咯咯地笑："我也不想扫地。"

乐乐爸爸："爸爸妈妈很开心乐乐能问家里的财务状况。爸爸妈妈的收入能让你好好接受教育。咱们一家人在一起，幸福快乐。这叫知足常乐。"

8. 上班好玩吗？

一天早上，乐乐醒来就急急忙忙去找妈妈。

"妈妈，我今天不想上幼儿园，可以吗？"

乐乐妈妈："这样可不行，待会儿我和爸爸都要去上班。"

乐乐："你今天可以不去上班吗？你带我去游乐园玩吧。"

乐乐妈妈："乐乐，妈妈要上班。公司是有制度的。如果家里确实有事或者妈妈生病了，可以请假。但乐乐和妈妈今天身体都好好的，妈妈如果在家陪你玩，是不负责任的做法。乐乐是小朋友，如果今天你确实不想上幼儿园，妈妈理解你，可以允许乐乐给自己放一次假，但乐乐你可以一个人在家吗？"

23

乐乐想了想："我不要一个人在家，我也要去上班！"

乐乐妈妈："你去幼儿园上班好吗？"

乐乐："不！我要和你一起去公司上班！"

乐乐妈妈想了想："那好，妈妈带你去公司上班！"

乐乐妈妈给幼儿园老师请了假，乐乐兴高采烈地拿着玩具和妈妈一起出门了。

乐乐在公交车站遇见其他小朋友，得意地说："我今天不去幼儿园，我和妈妈去上班咯。"

乐乐跟着妈妈来到妈妈的公司，对公司里的事情都很好奇，这里看看，那里摸摸。大人在办公室之间进进出出，互相说着话、谈着事情。

妈妈的同事们都很和蔼可亲，有的给乐乐零食吃，有的时不时夸奖乐乐几句，乐乐很高兴。

吃过午饭后，乐乐玩了一会儿玩具，开始觉得无聊了，于是就对妈妈说："妈妈，我们回家吧！"

乐乐妈妈："不行，还没到下班时间呢！"

乐乐："我不想上班了，一点儿也不好玩。"

乐乐妈妈："上班就要遵守纪律，要按时来上班，也要到时才能下班，每个人都要遵守这个规定。"

乐乐没有办法，自己又安静地玩了一会儿，躺在沙发上睡着了。

下班后，乐乐跟着妈妈回到了家。

乐乐爸爸问乐乐："上班好玩吗？"

乐乐："上班不好玩，没有人陪我玩。"

乐乐爸爸："上班就是大人的工作，爸爸妈妈去上班挣钱就是为了让我们一家人生活得更好。我们家买车和出去旅游花的钱，都是爸爸妈妈上班挣的工资，上班不是去玩。"

乐乐："那为什么今天没有人给妈妈发钱呢？"

乐乐爸爸："上班要满一个月，公司才能给爸爸妈妈发工资，不是每天都发钱，知道了吗？"

乐乐："知道了。"

乐乐爸爸："妈妈上班很忙，是不是？"

乐乐："妈妈很忙，都没陪我玩，一直和那些叔叔、阿姨谈事情。"

乐乐爸爸："爸爸妈妈去上班，就要和同事一起谈工作、做事情，坐在办公桌前写东西。有时还要到其他公司办事情，很忙碌的。"

乐乐："妈妈公司里每个人都有电脑玩。"

乐乐爸爸："那你看他们是不是在打游戏呢？"

乐乐："他们没有打游戏，妈妈也不让我打游戏。"

乐乐爸爸："是呀，公司规定上班时间是不允许打游戏的，如果妈妈上班的时候打游戏就会被扣工资了。"

乐乐："哦，那你们都是为了挣钱。"

乐乐爸爸："爸爸妈妈去工作不只是挣工资，还需要和同事交流，还要交朋友，还要学习处理事务的能力。我们需要同事和朋友，就像你们小朋友需要幼儿园的小伙伴一样。你明天去上幼儿园吗？"

乐乐："我去上幼儿园，不想上班了。"

乐乐爸爸："乐乐真乖，我们下了班就陪乐乐玩，等放了假带你去看大海。"

乐乐："好。"

9. 保安和警察是一样的职业吗？

一天，乐乐爸爸下班后在小区门口找到正在和小伙伴们玩耍的乐乐，带他一同回家。回到家后乐乐对爸爸说："我长大了要当保安。"

乐乐爸爸惊讶地说："乐乐有了第一个职业理想了呢。那你为什么想要当保安呢？"

乐乐认真地回答："保安叔叔每天站在大门口守住大门，想让谁进来就给谁开门。汽车也是一样，保安叔叔不开门就只能停在外面了。"

乐乐爸爸继续问："保安还干什么呢？"

乐乐说："保安还会抓小偷。"

乐乐爸爸："乐乐，警察也要抓小偷，你为什么不想长大后当警察呢？"

乐乐想了想说："保安和警察都是一样的，他们都穿一样的衣服，戴一样的帽子。"

乐乐爸爸说："门口的保安是负责管理和保护我们小区的安

全的，警察是保护我们整个城市的安全的。保安抓到小偷要交给警察来处理，他们是两种职业。"

乐乐说："那警察和保安的工资一样多吗?"

乐乐爸爸："不一样多，保安收入要少一些。"

乐乐："难怪楼下的保安叔叔说他们的工资很少。"

乐乐爸爸："工作的机会对每个人并不是完全一样。如果你好好学习，成绩好、身体好，长大后就有可能做一些更有难度、职业要求更高的工作，工资就相对更高。如果成绩不好又没有专业技术，你就只能去干不需要很多知识或很高技能的工作，但是工资往往就低一些。"

乐乐："爸爸，哪些工作工资高呢?"

乐乐爸爸："乐乐，工资高低只是工作的一个方面。人工作不仅是为了钱，人们还可以通过工作实现理想。工作干好了可以带来满足感和成就感。"

27

乐乐："原来工作不只是为了钱，还为了目标感和成就感。"

乐乐爸爸："职业是多种多样的。古人说'三百六十行，行行出状元'。当今社会更是有成百上千种职业，在每个领域中都有不同的分工，比如你们学校就有教师和工勤人员等。"

乐乐："他们都在学校工作。"

乐乐爸爸："对，同一个公司有很多的工种，大家分工不同，通力合作。"

乐乐："嗯，每项工作都要有人来做。"

乐乐爸爸："职业不分贵贱，大家只是各有所长、分工不同。大家要懂得互相尊重。一个人要根据自己的长处、天赋、兴趣以及社会需要来确定自己努力的方向，充分发挥主动性。"

乐乐："那我得重新考虑保安这个职业是不是能发挥我的长处了。"

乐乐爸爸："哈哈，乐乐可以慢慢考虑，结合自己的兴趣和目标，慢慢找到自己的职业理想。当然，你只有现在努力学习、好好锻炼身体，打好基础，长大之后，才有更多选择的自由。"

10. 什么是不劳而获？

一天，乐乐放学回家，仰着小脸问爸爸："爸爸，今天老师对我们说，一分耕耘，一分收获，不能不劳而获。什么是不劳而获呀？"

乐乐爸爸对乐乐说："我们一起来看鼹鼠的故事，你就清楚了。"

有一群鼹鼠生活在一起，它们非常快乐。

有一只小鼹鼠渐渐长大了，但它还是不愿意自己去找吃的，天天在家里玩。鼹鼠妈妈很溺爱小鼹鼠，每天都去帮小鼹鼠找吃的。

一段时间后，鼹鼠妈妈找到一块面包，这块面包好大好大，鼹鼠妈妈搬不动。她喊来鼹鼠爸爸，一个抱，一个推，好不容易才把大面包搬到家门口。

面包大，门儿小，怎么也进不去。鼹鼠爸爸和鼹鼠妈妈把面包抬到空地上。鼹鼠妈妈在面包上啃了一个洞当门，让小鼹鼠钻进去。小鼹鼠睡在面包房子里，地板、天花板全是面包，

29

饿了只要张开嘴巴咬一下，就能吃到面包了。

小鼹鼠在面包房子里吃了睡、睡了吃，比谁都快活，长成了大胖子。

可是有一天，下起了大雨。雨水把面包房子泡成了一堆稀泥。

鼹鼠妈妈跑出来一看，只见旁边有个"大泥球"在滚来滚去。哟！原来这"大泥球"就是小鼹鼠呀！

鼹鼠爸爸就对小鼹鼠说："你不出去自己找吃的，当你离开我们的时候就会饿死的，因为你没有生存的本领。"小鼹鼠羞愧难当，它明白了不劳而获是不行的，于是他独自去找吃的了。

乐乐爸爸："乐乐，你说说'不劳而获'的意思呢？"

乐乐："不劳而获，就是要自己去找吃的，不能只靠妈妈去找。"

乐乐爸爸："对的，除了空气和阳光是天赐的，其余的一切都要通过劳动获得。你要明白，做任何事，只有先付出，才能有回报，天下没有不劳而获的好事。"

乐乐："我还小，没法劳动。"

乐乐爸爸："你现在还小，不过也可以做一些力所能及的事，如洗碗、叠被子、扫地、洗袜子等，你从现在起就要养成劳动的习惯。人只有劳动，才能锻炼自己的生存能力。不然你长大了就不会洗衣服、煮饭，该怎么生活呢？"

乐乐："我到饭馆里吃。"

乐乐爸爸："饭馆里吃要给钱啦，你不劳动就没有钱，钱是靠劳动换取的，不能有不劳而获的思想，我们都要养成劳动的习惯。"

乐乐："好，我也要去劳动。"

31

第二部分

小学阶段

11．小商店的零食

一天，乐乐爸爸到学校接上乐乐往家走。路过一家小商店，乐乐对爸爸说："爸爸，给我买包旺旺雪饼吧。"

乐乐爸爸："乐乐，我们不着急买雪饼，先买一瓶酸奶喝吧。"

乐乐："我不想喝酸奶。"

乐乐爸爸："乐乐，雪饼是膨化食品没什么营养，吃多了对身体不好。"

乐乐："那你给我点钱，我去买点别的吃。"

乐乐爸爸给了乐乐钱，乐乐去买零食了。

一会儿，乐乐买了一袋 QQ 糖回来。乐乐爸爸看了看，觉得包装的颜色不太对，看起来怪怪的，又闻了闻，感觉有一股很怪的味道，又仔细看了一下生产条码，发现也很模糊。

乐乐爸爸："乐乐，你这 QQ 糖多少钱买的?"

乐乐："4 角钱，比红旗超市便宜 1 角钱。"

乐乐爸爸："这个是假冒的商品，不能吃，可能有害，在哪

儿买的？"

乐乐："学校对面的小商店。"

乐乐爸爸："乐乐，我们要学会辨别假冒商品。"

乐乐："怎么辨别假冒商品呢？"

乐乐爸爸："买东西的时候，要有对商品进行验证的意识，要看商标、生产批次、厂址、电话、防伪标识、商品条形码等详细信息。如不齐全，就要引起警惕。走，我们到红旗超市重新买一包 QQ 糖。"

乐乐和爸爸买来 QQ 糖，乐乐爸爸就让乐乐比较两包糖的包装，结果发现不一样。

乐乐："我买到'假糖'了，难怪味道和原来的不一样。"

乐乐爸爸："把那包假的丢掉吧，你要知道假冒伪劣食品大多对身体有损害。买到假冒伪劣产品不仅造成金钱的损失、浪费，可能还会生病；知道吗？"

乐乐："好的，我把'假糖'扔到垃圾桶里去。"

乐乐爸爸："今后买东西不要贪图便宜，要到正规商场和超市购买。"

乐乐："记住了，下次买东西的时候要看仔细了。"

12. 捡来的玩具

乐乐放学回家后从书包里摸出一个机器人的玩具，这个玩具看着还很新。

乐乐爸爸看见了那个机器人，就问他："乐乐，这玩具是谁的呢？你没有这个玩具。"

乐乐说："不知道。"

乐乐爸爸又问他："那这个玩具是从哪里来的呢？"

乐乐回答说："今天在学校里面捡的。"

35

乐乐爸爸："那这个玩具不是你的，你为什么要拿回家呢？"

乐乐继续玩着那个玩具说："不知道是谁的，没人要的。"

乐乐爸爸："乐乐，我们一起来看一个故事好不好？"

乐乐高兴地答应了。

清朝有一个秀才，他的名字叫何岳，虽然他家里很穷，但是他有志气。

何岳在一个夜晚走路时捡到200余两白银，但是不敢和家人说起这件事，担心家人劝他留下这笔钱。

第二天早晨，何岳带着银子来到他捡钱的地方，看到有一个人正在寻找，便上前问他，那人回答的数目和描述的封存的标记都与他捡到的相符合，于是何岳把钱还给了他。

那人想从中取出一部分钱作为酬谢，何岳说："捡到钱而没有人知道，就可以算是我的东西了，我连这些都不要，又怎么会贪图这些钱呢？"那人道谢后就高兴地走了。

后来，何岳因为有知识，一位做官的人慕名请他到家中教孩子读书。

过了两年，那官吏全家有事要去京城，就将一个箱子寄放在何岳那里，里面有黄金数百两。官吏说："我今后回来取。"

官吏全家去了京城许多年，没有一点音信。何岳经常把那箱子打扫干净、收藏好，还担心被小偷偷窃。

后来听说官吏的侄子为了公事南下，但并非来取箱子。何岳就背着箱子跋山涉水找到官吏的侄子，并托他把箱子带给官吏。

那官吏收到箱子后，就想：秀才何岳，只是一个穷书生。自己的金钱寄放在他那里数年，他却一点也不动心，凭这一点就可以看出他是一个道德高尚的人。于是，官吏就向皇帝推荐了何岳，何岳也因此当上了官，并成了一位好官。

乐乐爸爸："乐乐，这个故事叫《何岳两次还金》，看完这个故事后，你有什么想法呢？"

乐乐点点头，有点不好意思地说："有。我明天把它带回学校去，交给老师。”

乐乐爸爸："好啊！乐乐真是个乖孩子！从这个故事中明白了道理，只要不是自己的东西，我们就不能要！我们不能贪别人的便宜！如果你很喜欢这个机器人，等你过生日的时候，我可以送你一个，到时你自己去选怎么样？"

乐乐很高兴地答应了。

乐乐爸爸："乐乐，你说明天那个找回自己玩具的小朋友会怎么想呢？"

乐乐说："那个小朋友可能会说'咦，昨天弄丢了的玩具怎么今天又找到了呢？'他肯定会非常高兴。"

乐乐爸爸："如果一位老奶奶去看病，在路上钱掉了找不回来，就没法治病，那有多危险。今后捡到的东西要还给失主，找不到失主就交给老师。"

乐乐回答："好。"

乐乐爸爸："乐乐，我们每个人都应从小养成拾金不昧的好品德。你自己丢了东西再也找不到了，就会很伤心，同样的，别人丢了东西和钱，也会和你一样很伤心，是不是？"

乐乐："是。"

乐乐爸爸："爸爸妈妈给你买的、爷爷奶奶送你的，就是你的，今后你一定要保管好自己的东西，爱惜自己的东西，知道吗？"

乐乐："知道了。"

乐乐爸爸："你在其他小朋友那里借的东西，比如上次借春春的变形金刚，玩几天后就要还给春春，这就是'有借有还，再借不难'。"

乐乐："上次仔仔就不把小汽车借给我。"

乐乐爸爸："仔仔不把小汽车借给你，也是正常的，他很喜欢他的小汽车，他怕你给他弄坏了。今后记住，学校的玩具、书不要拿回家，那是公共物品，是学校花钱买的，让所有的小朋友都可以玩和看，我们每个人都有责任爱护，未经允许是不能拿回家的，知道吗？"

乐乐："知道了。"

13. 为什么有这么多银行?

回家的路上，乐乐看着车窗外五光十色的招牌不停地念叨。

乐乐突然问：“爸爸，街上为什么会有那么多银行？有农业银行、中国银行，还有工商银行。”

乐乐爸爸：“我们这个城市里有几十家银行，每家银行又有几十或上百个营业网点。”

39

乐乐：“难怪每条街上都有银行。”

乐乐爸爸：“大的银行在国外都有分行，国外的银行在我们这里也有分行。等会儿看见了就告诉你。”

车行进了 10 分钟，在经过天府广场时，乐乐看见了花旗银行的招牌，他很兴奋。

乐乐爸爸：“乐乐，你看见的这些银行有什么不同呢？”

乐乐：“银行的名字不同，但是都有‘银行’两个字。”

乐乐爸爸：“对的，每个银行都有自己的名字和标识。你看中国银行的标识就像古代的钱币。”

乐乐：“对对对，中间有个孔。”

乐乐爸爸："同一家银行的标志是一样的，它们每个网点的招牌都一样。发现没有？"

乐乐："看见了，工商银行的招牌就很好看。"

乐乐爸爸："乐乐，你知道这些银行是干什么的吗？"

乐乐："就是存钱、取钱的地方。"

乐乐爸爸："对，这些银行除了存钱和取钱，还办理贷款、汇兑等。这么多银行，彼此之间还要竞争，所以银行的服务态度都很好。"

乐乐："就是啊，上次我和妈妈去银行还可以喝水，还有糖吃，我最喜欢去银行了。"

乐乐爸爸："银行服务态度好，是因为我们国家的储蓄原则是'存款自愿、取款自由、存款有息、为储户保密'。钱是我们的个人财产，存不存在银行是自愿的，存在哪一家银行也是自己选择的。所以银行就要想方设法让大家存取钱都方便。"

乐乐："难怪银行有糖吃。"

乐乐爸爸："现在这些银行都开通了自助银行、手机银行和网上银行，很多业务都不用去柜台办理了，你就吃不到糖了。"

乐乐："知道，妈妈在家上网就可以看工资发没发。"

乐乐爸爸："对的，网上银行通过互联网为人们提供账户查询、转账汇款、在线支付等金融服务，还提供买卖基金、国债、黄金、外汇、理财产品，还有代理缴费等功能服务，能够满足大家的各种服务需求。你看我们在家就可以交水电费。"

乐乐："好方便。"

乐乐爸爸："现在自助银行已经不新鲜了，在商厦和商务楼的底层、娱乐中心或机场都有。那乐乐你觉得自助银行有什么好处呢？"

乐乐："我看见过，自助银行的好处就是晚上都可以存钱和取钱。"

乐乐爸爸："对的，乐乐观察得很仔细，银行就是为了方便大家。"

14. "吐钱"的柜子不灵了

一个星期天，乐乐一家人逛商场。乐乐看中了一个遥控船，缠着妈妈买给他。

乐乐妈妈："乐乐，今天不买玩具。妈妈买了衣服，没有钱了。"

这时乐乐说："可以刷卡呀，你卡里不是有钱吗？"

乐乐爸爸突然意识到，乐乐认为银行卡里的钱可以随便用，怎么用都用不完。

乐乐爸爸想了一下说："乐乐，银行卡实际上并不产钞票，它就像一个大存钱罐一样，为了安全，我们把工作挣来的钱存在里面。你在取款机上取钱，实际上就是从自己存进去的钱里取一部分出来，如果钱取完了，你就不能再让它吐钞票了，就像你的存钱罐空了一样。"

乐乐："刚刚妈妈就刷卡了。"

乐乐爸爸："取款机虽然是一个会'吐'钱的柜子，但不是每个人插进一张卡，柜子就把钱给你'吐'出来。"

乐乐爸爸和乐乐来到商场的取款机边。

乐乐爸爸教乐乐把卡插进取款机里，机器提示输入密码，乐乐爸爸输入了密码，然后查询余额，结果显示余额为60元。

乐乐爸爸对乐乐说："你看卡上面的钱不够180元，买不成玩具。"

乐乐："哎，钱不够了。"

乐乐爸爸："卡有很多种，一种就和爸爸的卡一样，里面要有钱才能用，如果卡里余额不够，卡就不能使用了，这种就是储蓄卡。另外一种是信用卡，虽然里面没有钱，但也可以用，本质就是找银行借钱，但用过之后要在规定的时间内，把钱还给银行。"

43

乐乐："爸爸，那你快去存点钱。"

乐乐爸爸："今天我们就不买玩具了。"

乐乐："你用手机也可以给钱嘛。"

乐乐爸爸："手机里不是自然就有钱的，是爸爸妈妈先把工资放进手机里才有钱。"

乐乐只得悻悻地跟着爸爸回家。

在回家的路上，乐乐爸爸继续给乐乐讲："银行卡和手机里的钱用起来方便，不需要把钱揣在身上，以免被小偷偷，钱放在里面安全。"

乐乐："那银行卡和手机被偷了怎么办？"

乐乐爸爸："银行卡和手机如果被偷了，小偷不知道密码，他就不能取钱或使用，钱还在里面。刚才你不是看见我输入密码了吗?"

　　乐乐："看见了，机器还说，'请注意遮挡密码'。"

　　乐乐爸爸："乐乐真聪明，如果银行卡丢了，需要到银行去补一张卡。如果现金丢了就不容易找回来了。"

　　乐乐："那以后我也要办张卡。"

15. 存钱靠坚持

春节期间，乐乐和爸爸去麦当劳吃东西。

准备点餐的时候，乐乐激动地说自己要点很多吃的，乐乐爸爸就对乐乐说："够吃就行了，不要浪费。"

乐乐一脸满不在乎的样子，说："没关系，我有很多压岁钱呢！"

45

乐乐爸爸："我们回家还要吃晚饭，你现在就少吃点，解解馋就行。压岁钱已经存起来了。"

乐乐吃着鸡腿，喝着饮料，一副心满意足的神态。

吃好后，乐乐和爸爸走在回家的路上。

乐乐爸爸："乐乐，我们一会到家一起看一个关于麦当劳的故事吧！"

麦当劳是雷·克罗克于 1902 年在美国芝加哥创办的。现在，麦当劳集团有 3 万多家快餐厅，分布在全球 120 多个国家和地区。

有一位叫琼森的英国人，大学毕业后开始打工。琼森看准了美国连锁快餐文化在英国的巨大发展潜力，决意要不惜一切代价在英国开麦当劳。麦当劳是闻名全球的连锁快餐公司，采用的是特许连锁经营机制，当时特许经营资格是要有75万美元现金和一家中等规模以上的银行的信用支持。

琼森只有不到5万美元的存款，他绞尽脑汁东挪西借，但事与愿违，5个月之后，他只借到4万美元。面对巨大的资金落差，要是一般人，也许早就心灰意冷、前功尽弃了。然而，琼森却有对困难说不的勇气和锐气，他偏要迎难而上，下定决心要实现自己的愿望。

于是，在一个风和日丽的春天的早晨，他西装革履、满怀信心地走进伦敦银行总裁办公室的大门。琼森以极其诚恳的态度，向对方表明了他的创业计划和求助心愿。在耐心细致地听完他的表述之后，银行总裁做出了"你先回去吧，让我再考虑考虑"的决定。

琼森听后，心里掠过一丝失望，但马上镇定下来，他恳切地对总裁说了一句："先生，可否让我告诉你我那5万美元存款的来历呢？"

银行总裁同意了。

琼森说道："那是我6年来按月存款的收获。6年里，我每月坚持存下打工挣的工资，雷打不动，从未间断。6年里，无数次面对过度紧张或手痒难耐的尴尬局面，我都咬紧牙关，克制欲望，硬挺了过来。我早就立下宏愿，要以10年为期，存够

10 万美元，然后自创事业，出人头地。现在机会来了，我想要提早开创事业……"

琼森一口气讲了 10 分钟，总裁越听神情越严肃，并问明了琼森存钱的那家银行的地址，然后对琼森说："好吧，年轻人，我下午就会给你答复。"

送走琼森后，总裁立即驱车前往那家银行，亲自了解琼森存钱的情况。柜台小姐了解总裁来意后，说了这样几句话："哦，是问琼森先生吗？他可是我接触过的最有毅力、最有礼貌的一个年轻人。6 年来，他真正做到了风雨无阻地准时来我这里存钱。老实说，这么严谨的人，我真是佩服得五体投地！"

听完柜台小姐的介绍后，总裁大为高兴，立即打通了琼森家里的电话，告诉他伦敦银行可以毫无条件地支持他创建麦当劳事业。

乐乐爸爸："乐乐，你知道银行总裁为什么贷款给琼森吗？"

乐乐："琼森存钱的事情打动了银行总裁。"

乐乐爸爸："对，银行总裁相信琼森是个有信用、有毅力的人，相信他会成功并还钱的。那乐乐的压岁钱要不要也存起来，从现在开始养成存钱的习惯呢？"

乐乐听懂了，有些羞愧地说："我也要节约，存钱是靠坚持的。"

乐乐爸爸表扬了乐乐。

16. 一枚钱太少

暑假，乐乐爸爸带着乐乐到云南旅游，他们路过虹溪镇，那里是清末红顶商人——王炽的故乡，并在那里看到三代一品诰封石碑坊。

乐乐："爸爸，王炽建成了我国第一座水力发电站——石龙坝水力发电站。"

乐乐爸爸："对，这些介绍你要看仔细，可以了解很多的知识。"

乐乐和爸爸都认真地观看。

乐乐："还有叫'钱王'的人呢？"

乐乐爸爸："对呀，因为当时王炽是云南的富商。我们一起来看王炽的故事。"

王炽出生于1836年，由于父兄早逝，家计甚窘，少年的王炽不得不放弃读书，靠母亲纺织为生。后来王炽拿着母亲变卖首饰和衣物凑得的20两银子，出门学做生意。他凭着勤劳和机敏，不久就积攒了很多银子，后来还开了同庆丰钱庄。

有一天，外面下着绵绵细雨，王炽开的同庆丰钱庄总号大店之内，人来人往，熙熙攘攘。

此时一个衣衫褴褛的花甲老者携着一个六七岁的黑衣孩童走了进来，孩童脸上也脏兮兮的。柜前，一个衣着光鲜的小伙计正忙着算账，见了他们，头都没抬一下就问："存钱吗？"

老人枯树皮似的双手颤巍巍地捧上一枚油迹斑斑的铜钱。

小伙计笑了："你是要饭的吧？"

老人说："我活不了几天了，膝下只有一孙，想给他存点钱，等我一死，好让他还有几天饭吃。"

小伙计称："一枚钱太少，攒多了再来吧。"

老人道："钱庄为什么不让人存钱呢？你们行行好，就当可怜我们吧！"他苍白的须发抖动着，面带悲色。然而不管老人怎样低声哀求，小伙计就是不答应。

无奈之下，老人与孩子伤心流泪，望着大厅正中的"信义天下"四个浓浓的墨字黯然离去。

第二天，不利于同庆丰的谣言开始多了起来，在当地引起巨大反响，同庆丰的客户也恐慌不已，对钱庄产生了可怕的信任危机，于是纷纷拥到同庆丰提现银存到别家钱庄。

王炽了解了这个事件的来龙去脉，他痛心疾首："人无信而不可以立呀！"最后，他毅然决定，开除那个触犯钱庄约法的小伙计，扣发主管人员半年薪水，并让下人全城搜寻行乞的爷孙两人。

49

王炽亲自出马，率领钱庄全体人员在大门前将老人和孩子迎进店中，向他们诚恳道歉，为他们那一文钱设立了一个特殊账号，开出了票据，并给了高出别人10倍的利息，以示诚意。

此后，人们对同庆丰的误会才渐渐消散，对王炽的表现深为钦佩，给予了高度评价，称他信用有加，不愧为商坛巨擘。于是大量的银子又源源不断地流入同庆丰钱库。王炽的这一英明之举挽救了他的商业帝国。

乐乐爸爸："乐乐，你怎么看这个故事？"

乐乐："小伙计不应该嫌弃老人家钱少就不给他存钱。"

乐乐爸爸："乐乐聪明，钱都是积少成多，银行也是一样的，将很多人存的钱加起来存款就多了，就变成大银行了，人们就会对这样的银行更加信任。"

乐乐："是的。"

17. 点石成金

一天，乐乐和爸爸从游乐园玩了出来后，走在街上。

乐乐看见一个叫"点石成金"的课外学习培训学校的广告："四大优势，选校提醒""冲刺有方法，签约有保障""用成绩说话，用事实说话"等。

乐乐："爸爸，你看在这个学校读书的人，好多都考上了好大学，还获得了奥赛、华赛一等奖。"

乐乐爸爸："这是培训学校，是收钱的补习班。"

乐乐："它们为什么叫'点石成金'呢？"

乐乐爸爸："这主要是显示他们的补习水平很牛，有点石成金的效果，能把成绩很差的学生培养成成绩很好的优秀学生。"

乐乐："那我也到这里来学习，成绩就好了。"

乐乐爸爸："如果他们能把全部孩子都教成成绩好的学生，那他们学校的学生都坐不下了，还用到处打广告吗？你想一想。"

乐乐："原来是骗人的？"

乐乐爸爸："补习班都是要收钱的，是利用课外时间来补习的。你只要在学校认真学习，上课的时候认真听讲，学懂了就不用上补习班。你知道点石成金这个成语的意思吗？"

乐乐："不知道。"

乐乐爸爸："点石成金的意思是运用仙道将铁石变成黄金，现在比喻修改文章，化腐朽为神奇。我们一起来看一个关于点石成金的故事。"

晋朝的时候，旌阳县曾有过一个道术高深的县令，叫许逊。他能施符作法，替人驱鬼治病，百姓见他像仙人一样神，就称他为"许真君"。

有一年，由于天灾，庄稼收成不好，农民交不起赋税。许逊便叫大家把石头挑来，然后施展法术，用手指一点，石头都变成了金子。这些金子补足了老百姓拖欠的赋税。

乐乐："我要是能点石成金就有用不完的钱了。"

乐乐爸爸："这是古代的神话故事，不是真实的。我们不能有不劳而获的想法，要靠自己的本领和劳动来获得钱财。"

乐乐："知道了。"

乐乐爸爸："点石成金也有积极的一面，就是我们学习和做事情的方法很重要，只有运用科学的方法才会取得好的效果。"

18. 买彩票能中大奖吗？

乐乐家附近的彩票销售点门口有个屏幕上经常滚动播出中大奖的消息。

有一天，乐乐和爸爸经过彩票销售点，乐乐说："爸爸，我们去买点彩票吧。"

乐乐爸爸："你为什么想买彩票呢？"

乐乐："买彩票能中大奖，中了大奖就有很多钱。"

乐乐爸爸："你知道彩票是怎么一回事吗？"

乐乐："知道，先给老板 2 元钱。你自己写几个号码，老板再给你打印一张你选的号码的单据。你接着就等电视上和报纸上登出来用摇号机摇出的几个号码，如果你选的号和摇出的号完全一样就中大奖了。我看每天有很多人买，我们也去买几张吧。"

乐乐爸爸："乐乐对流程很熟呀！不过，买彩票中奖的人很少，大部分人都不能中奖。"

乐乐："那怎么会有那么多人去买呢？"

乐乐爸爸："福利彩票或体育彩票是从大家买彩票的钱当中拿出一部分来当作奖金，剩余的钱，国家用来做福利、体育等事情，大多数人买彩票是不会中奖的。如果你很感兴趣，那你可以去买两张。"

乐乐和爸爸走进彩票销售点，乐乐："我们写什么号码才能中奖呢？"

乐乐爸爸："你就写你喜欢的数字就行。"

在回家的路上，乐乐一直拿着买来的两张彩票，隔一会儿就看两眼。

乐乐："爸爸，我们运气好的话就能中大奖。"

乐乐爸爸："乐乐说的对，彩票中奖全靠运气，所以不要太在意。如果没有中奖，也算给国家福利、体育的发展做贡献。"

乐乐："但是大家都想中大奖。"

乐乐爸爸："彩票在两千年前的古罗马就开始流行了。我国南宋时期也有类似形式的博彩。"

乐乐："刚才卖彩票的地方就经常有人中几万元的奖。"

看见乐乐满心想中大奖的样子，乐乐爸爸对乐乐说："彩票本身是为了福利事业，大部分人是为了体验一下，觉得好玩，但是有一些人为了一夜暴富，不惜花很多的钱，那就不对了，这样做不仅影响家庭的正常生活，有时甚至把用于孩子教育的钱都买了彩票，结果自己的孩子没法去上学。你愿不愿意呢？"

乐乐："不愿意，不读书不行。"

乐乐爸爸："有些人有了一夜暴富的赌徒心态后，就成天想着不劳而获，结果暴富不成，反而让自己和家庭都陷入困境。"

乐乐若有所思地点点头。

乐乐爸爸："买彩票要保持一颗平常心，不能让巨额奖金的诱惑影响正常的工作生活。你看销售彩票的地方都写着'重玩轻博''理智购彩'，就是要提醒大家正确看待彩票。"

乐乐："大家都想发财。"

乐乐爸爸："一些人看见别人中大奖了，总想着自己没准也能中大奖，结果造成很多悲剧。每个人意识里或多或少都有一定的'赌博'心态，希望能够以很小的代价赢得大的回报。这种心态风险很大。从自己的余钱、闲钱中拿出很小的一部分去购买彩票，即使没中奖，也能够保持平和的心态。乐乐，你觉得呢?"

55

乐乐："嗯，不能因为买彩票，影响正常生活。"

乐乐爸爸："我们要想有很多钱，主要还是要靠全家人一起共同努力，一分耕耘一分收获。"

19. 吃鸡腿送玩具

最近一放学，乐乐老是喊着要去肯德基拿玩具。

乐乐："爸爸，今天我在学校很乖，你可以带我去肯德基吗？玩具不用花钱呢！"

乐乐爸爸突然发现乐乐最近常常用"表现好"来让自己奖赏他，长久下去会使他的这种行为越来越严重。

乐乐爸爸心里想着要怎么和乐乐说明，于是答应了乐乐带他去肯德基吃东西。

到了店里，乐乐和往常一样，点了炸鸡套餐后，拿着附送的小玩具，美滋滋地玩起来。

乐乐爸爸："乐乐，你每次来肯德基都特别开心呢。"

乐乐说："那当然了，这里不仅可以吃鸡腿，还有免费的玩具可以拿呢！"

乐乐爸爸笑着说道："这里的玩具并不是免费的，是算在套餐价格里的。你基本上不吃套餐里的薯条，本来可以不买薯条。"

乐乐："可是点套餐比单点划算啊!"

乐乐爸爸："乐乐，咱们一起来算一笔账。你单点鸡腿花22元，肯德基可以赚5元。现在你点35元的套餐，肯德基赚了8元，就比原来多赚3元。这个免费送的玩具只值1元，商家还是多赚你2元，所以玩具其实还是我们自己花钱的，这就叫'羊毛出在羊身上'。"

乐乐："什么叫羊毛出在羊身上?"

乐乐爸爸："意思是表面上给了我们好处，但实际上这好处已附加在我们付出的代价里。就像你得到了一个玩具，实际上还是我们自己出的钱。"

乐乐："哦，那下次我就只吃汉堡吧。"

乐乐爸爸："每回你把玩具拿回家都乱丢，玩一两次就再也不想玩了，这种快餐店免费附送的玩具质量和创意都不算好。"

乐乐听了，安安静静地没说一句话。

"肯德基和麦当劳这些快餐店其实也是玩具公司。"乐乐爸爸说。

"真的吗?"乐乐睁大眼睛问。

"这些玩具不就是快餐店卖的吗? 虽然它们不制造玩具，但每次去点套餐都会送不同的玩具，所以小朋友就会一直来吃。你说这是不是一种很聪明的卖法呢?"

乐乐眼睛闪闪亮亮："真的呢!"

乐乐爸爸："其实，这是一种促销手段，目的就是利用玩具吸引你多消费。"

"上回麦当劳买儿童餐送的文具，你还弄丢了，一点也不爱惜。因为你觉得反正都是免费的，还会再送的。这是不对的想法。你看你现在都还没有养成把文具归位的习惯，玩具是这样，文具也是这样的。"爸爸顿了一下。

乐乐很不好意思地把头垂得低低的。

"所以'免费'这两个字让你学会了浪费。这是不好的习惯，要慢慢改过来。"

乐乐懂事地答应着："那我下次不要这玩具套餐了。"

20．开源和节流哪一个更重要？

有一天，乐乐问："爸爸，开源节流是什么意思？"

乐乐爸爸："开源就是开拓财源，靠自己的智慧和本领，去挣钱，去创造财富；节流就是节省开支，对生活中不必要的花销尽量节省。一个人做到这两个方面，钱就多了，生活也更宽裕。"

59

乐乐："那开源和节流哪一个更重要呢？"

乐乐爸爸："都重要。一方面要先有本事去赚很多的钱，才有可能累积财富，但是，即使你赚了很多钱，不节约，乱花钱，那赚来的钱很快就花光了。另一方面，如果你只是节约用钱，不会赚钱，那就更没有希望成为有钱人了。"

乐乐："那您还是没有说哪一种更重要呢！"

乐乐爸爸："如果非要说开源和节流哪一个更重要的话，我认为应该是开源，钱是赚来的，不是靠克扣自己攒下来的，所以你要学会赚钱的本领，知道了吗？"

乐乐："知道了！"

乐乐爸爸："我们一起来看一个民间故事你就更明白了。"

从前，在一座山下，住着一个叫吴成的农民，他一生勤俭持家，日子过得无忧无虑，十分美满。

相传他临终前，曾把一块写有"勤俭"两字的横匾交给两个儿子，告诫他们说："你们要想一辈子不受饥挨饿，就一定要照这两个字去做。"

后来，兄弟俩分家时，将匾一锯两半，老大分得一个"勤"字，老二分得一个"俭"字。老大把"勤"字恭恭敬敬高悬家中，每天"日出而作，日落而息"，年年五谷丰登。然而他的妻子过日子却大手大脚，孩子们常常将白白的馍馍吃了两口就扔掉，久而久之，家里没有一点余粮。

老二自从分得半块匾后，也把"俭"字当作"神谕"供放中堂，却把"勤"字忘到九霄云外。他疏于农事，又不肯精耕细作，每年收获的粮食就不多。尽管一家几口节衣缩食、省吃俭用，但也难以持久。这一年遇上大旱，老大、老二家中都早已空空如也。

他俩情急之下扯下字匾，将"勤""俭"二字踩碎在地。这时候，突然有纸条从窗外飞进屋内，兄弟俩连忙拾起一看，上面写道："只勤不俭，好比端个没底的碗，总也盛不满！只俭不勤，坐吃山空，一定要挨饿受穷！"兄弟俩恍然大悟："勤""俭"两字原来不能分家，它们相辅相成，缺一不可。

吸取教训以后，他俩将"勤俭持家"四个字贴在自家门上，提醒自己，告诫妻室儿女，身体力行，此后日子过得一天比一天好。

　　乐乐爸爸："简单地说，开源就是想办法增加收入，节流就是尽量减少支出。一来一往就可以更快速地累积财富。节约还好控制，开源是有条件的，除了不怕吃苦，还要拥有智慧、毅力、方法等才能收获财富。所以你要好好学习，增强自己的本领。知道吗?"

　　乐乐："原来开源和节流是两个不可分的兄弟，缺一不可。"

61

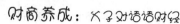

21. 第一份零用钱合同

乐乐上小学一段时间后，乐乐的爸爸和妈妈商量准备开始每个星期给乐乐零用钱。

在给零用钱之前，他们把乐乐叫到一起和他商量。

乐乐妈妈："乐乐，从现在开始，我们准备每周给你零用钱，但是，先要和你签一个合同，怎么样？"

乐乐："好呀！那为什么给零用钱要跟买房子一样签合同呢？"

乐乐妈妈："签一个合同，就是把我们每周给你多少钱、你该怎么用、哪些东西不能买等内容写下来，我们和你一起遵守。一会儿我们就来商量，行不行？"

乐乐听到爸爸妈妈要给零用钱，高兴得什么条件都答应了："行，那我每个星期能有多少钱呢？"

乐乐妈妈："我们先把合同定下来，你要按照合同上要求的去做，我和爸爸也按合同要求来做，这就是合同的作用，你看买车子、买房子都要先签合同。"

乐乐很不甘愿地说："好吧。"

乐乐妈妈："我们这学期每周一给你 20 元零花钱，你要存 4 元。剩下的 16 元，你要用一个星期，主要用来买吃的和小的学习用具。"

乐乐："太好了，我有自己的零花钱了！"

通过与乐乐的协商，乐乐妈妈制作了一份简单的合同，双方还像模像样地签上了名字。

乐乐妈妈："乐乐，你今后就要按照这个合同办事，要遵守规则，知道了吗？要做一个讲信用、有诚信的孩子。"

乐乐高兴地与爸妈签了零用钱的合同，领了他的第一笔零用钱，还问了他不懂的储蓄奖励的事情。

乐乐爸爸看见乐乐高兴地拿着零花钱，对乐乐说："乐乐，过来，我们一起来看一个关于合同的故事。"

有个农场主的葡萄熟透了，如果今天不把葡萄全部摘完的话，葡萄就会烂掉，而他自己无法在一天内把葡萄全部摘完。于是他就在市场上找了一群人，对他们说："如果你们能在今天帮我把葡萄全部摘完，我就给你们每人一个金币。"这群人听后非常高兴，就跟这个农场主来到葡萄园里摘葡萄。

中午的时候，农场主发现葡萄很多，这些人不可能在一天内把葡萄全部摘完，于是他又到市场上找了一群人，对他们说："如果你们能在今天帮我把葡萄全部摘完，我就给你们每人一个金币。"这群人听后也非常高兴地跟这个农场主来到葡萄园里摘葡萄。

下午2点钟左右的时候，这个农场主发现这些人虽然非常卖力地摘葡萄，但他们还是不可能在一天内把葡萄全部摘完。于是他又到市场上找了一群人，对他们说："如果你们能在今天帮我把葡萄全部摘完，我就给你们每人一个金币。"这群人听后也非常高兴地跟这个农场主来到葡萄园里摘葡萄。

当日落西山的时候，葡萄终于全部摘完了。农场主把最后一批人叫过来，给了他们每人一个金币，于是这群人非常高兴地走了。他又把第二次招来的人叫过来，给了他们每人一个金币，这群人并没有表现得非常高兴，但没有说什么，也走了。当他把第一次招来的人叫过来，给他们每人一个金币的时候，这些人不高兴了。他们说："为什么我们干的活比后来的这些人多，还是只给一个金币呢？"

乐乐爸爸："看到这个故事的人都有与第一批人同样的感受——觉得不公平。如果你是第一批工人中的一员，你认为这件事公平吗？"

乐乐："不公平。"

乐乐爸爸："这个故事中，每一批人的劳动协议都是工人与农场主双方认可的。不过工人没有意识到农场主的风险：葡萄如果摘不完就会烂掉，农场主会损失惨重。当风险逼近的时候，任何人都会选择付出比平时更大的代价来规避风险。事实上，正是因为第一批人不能够在当天完成任务，农场主才增加了第二批人。这两批人依然不能完成任务，农场主才不得不又增加第三批人。农场主多付出了两批人的成本，却使得没能尽责的前两批人感到不公平。但这个经济活动是公平的。"

65

22. 金钱换不来友谊

乐乐放学回家，一副无精打采、心事重重的样子。

乐乐爸爸："乐乐，今天遇到不高兴的事情了吗？"

乐乐："我的两个好朋友不和我一起玩了。"

乐乐爸爸："为什么呢？"

乐乐："他们现在都和天天玩，他们都听天天的。"

乐乐爸爸："是什么原因呢？"

乐乐："天天有很多零花钱，他经常给同学买吃的和饮料，他现在神气十足，好几个同学都成了他的'跟班'了。"

乐乐爸爸："没关系，同学之间互相帮助就行了。有的同学现在跟着天天玩，是暂时看中天天的钱了，跟着天天可以有吃的喝的。"

乐乐："有钱就是好，你也多给我一点零花钱嘛。"

乐乐爸爸："孩子啊，真正的友谊不是靠金钱来维持的，可以这么说，用金钱是买不来真正的友谊的。如果天天的爸爸妈妈不给他钱了，他身边就没有多少朋友了。"

乐乐爸爸："金钱是辛勤的劳动换来的，金钱可以带来一定的物质满足，但是金钱不代表一切。幸福、成就、友谊和快乐等不是用金钱可以买到的。朋友交往是以志趣相投为前提的，不是以其中一人有钱有势为标准的，特别是当一方失去钱财后，朋友就变成了陌路，这就不是真正的朋友。"

乐乐："知道了。"

乐乐爸爸："天天的爸妈给他很多零花钱，天天乱用，这也不是爱，爱不是用金钱来代替的。我们要养成科学、合理的消费习惯，不能成为金钱的奴隶，你要记住金钱不能代表爱，金钱更换不来友谊和感情。"

67

23. 会推磨的存钱罐

有一天，乐乐回到家对爸爸说："爸爸，给我买一个'有钱能使鬼推磨存钱罐'，行吗？"

乐乐爸爸诧异地问："什么存钱罐？"

乐乐："有钱能使鬼推磨存钱罐，我们班仔仔的爸爸在网上给他买的，你在那个存钱罐里放入一个硬币后，骷髅人就开始推磨，还会发出可怕的鬼叫声，有时一边推磨一边唱歌，还要用英语唱一遍。"

乐乐爸爸："乐乐，你知道有钱能使鬼推磨是什么意思吗？"

乐乐："知道。那存钱罐唱了的，'有钱，我可以为你做任何事情！'"

乐乐爸爸："乐乐，这些加了新奇功能的储蓄罐，本身的创意倒是不错。当大家见惯了普通的存钱罐后，这种有些新颖的存钱罐说不定卖得还不错。"

乐乐："是啊，有些同学还买了各种各样会动的存钱罐呢！"

乐乐爸爸笑了笑："我们一起来看一个故事。"

小刺猬报来喜讯："狐狸中了500万大奖！"消息在动物世界一传开，立刻在森林公园引起了轰动。羡慕不已的小动物殷勤地围在狐狸的周围，跳起了丰收舞曲。

突然，大灰狼大摇大摆地走了过来，强行"借"去了狐狸4000元钱。狐狸心疼不已，"照这样下去，这些钱不知道最后是谁的呢？"

看到凶猛的老虎慢悠悠地也要过来"借"钱，狡猾的狐狸眼珠一转，说道："如果你肯当我的保镖，我一个月给你5000元！"财迷心窍的老虎自此夹起尾巴当起了"保镖"，狐狸着实过了一段太平日子。

但那个有钱的狐狸不甘寂寞，他主办了动物世界第一届拳击争霸赛，而且还让老虎故意"输"给他。在赛场上，老虎被兄弟们嘲笑得恨不得找个地洞钻进去，羞愧难当的老虎一怒之下爬起来将狐狸打倒在地，扬长而去。

小动物们拍手称快："金钱不能换来所有东西呀！"

乐乐爸爸："故事中，老虎当狐狸的保镖，是为了钱。大灰狼骗狐狸，名义上是借钱，实际为敲诈，也是为了钱。老虎与狐狸打拳，还是为了钱！故事里的动物在金钱面前变得贪得无厌、毫无尊严。但是，有钱真的能使鬼推磨吗，乐乐？"

乐乐："没有，在结尾时老虎不干了。"

乐乐爸爸："老虎在众人的嘲笑声中颜面扫地，不能让金钱灭了自己的威风啊！他爬起来一拳把狐狸打翻在地，这一拳，打碎了'暴发户'狐狸的美梦——狐假'虎'威、狐假'钱'威。老虎做得对不对呢？"

乐乐："老虎做得对。"

乐乐爸爸："我们不能为金钱所迷惑，不能被金钱所奴役啊！钱很重要，但金钱不能换来所有东西。金钱可以买来豪宅、名车，但不能买来快乐、友谊、知识。"

24. 1元钱要捡起来吗？

有一天，乐乐找乐乐爸爸要了5元钱去店里买了一个冰淇淋，边吃边走。

乐乐爸爸问："乐乐，冰淇淋多少钱一个？找回来的零钱呢？"

乐乐："4元钱，忘了找钱了。"

乐乐爸爸："可能是你忘了拿了，回去找阿姨拿回来。"

71

乐乐："算了吧，就1元钱，没多大用处。"

乐乐爸爸："即便是1角和5角都很有用，1元钱为什么不拿回来呢？"

乐乐："我再去拿的话，卖东西的阿姨要笑话我。现在路上有人丢1元钱，都没有人会捡起来的。"

乐乐爸爸："乐乐，1元钱也是钱，没有人笑话你。如果别人因此笑话你，那也是他们做得不对。"

乐乐："1元钱能发财？"

乐乐爸爸："我们一起来看一个'1文钱发家'的故事。"

清朝乾隆年间安徽有位少年奇才名叫鲍志道，他在 11 岁时便中断学业，走上经商之路。

由于家贫，他出门时身无分文。母亲便从箱柜底层拿出一直珍藏着的志道婴儿时的襁褓，将襁褓虎头帽上镶着的那枚"康熙通宝"铜钱取下，说道："儿啊，这可是我们家仅剩的 1 文钱了，今天给了你，咱家的兴旺就要看你了啊！"

鲍志道珍重地将这 1 文钱收在内衣夹层的口袋里，含着热泪踏上了通往异乡的艰辛之路。鲍志道一路乞讨，一边帮人打工，一边学习会计。然后利用积攒的钱开始做些小生意。

20 岁时，鲍志道来到扬州，当时一位大盐商急需招聘一名经理，要求此人吃苦耐劳、精于核算。学过会计的鲍志道抓住机会，前去应聘。

第一天面试之后，大盐商命伙计给每位应聘者一碗馄饨，说是犒劳。吃完后，大盐商让各位回去准备第二天的考试。孰知，第二天盐商出了这样几道题：请回答昨日你所吃的馄饨共有几只？有几种馅？每种馅又各有几只？应聘者被这样离奇的试题弄得目瞪口呆，有的摇头苦笑，有的后悔不已。

然而鲍志道凭借他 10 年从商的经验，在昨日就预料到那碗馄饨的不寻常，所以他对着那碗馄饨细细地观察。此时应付这几道题自然是得心应手。结果不必说，他被聘用了。

聘用后，鲍志道经常和商场行家打交道，由于他肯于吃苦、勤于学习，业务素质迅速提高。凭着他超人的经营才干，那位盐商的经营大有起色，他自己也得到了丰厚的报酬。

经过几年经理生涯，几年的积累，他决定自己创业。因为他早已摸熟了市场行情，结交了许多社会各界的朋友，建立起了人际关系网，这些使他的事业很快走向成功。并且，他精明强干、处事公允、急公好义，在业界的声誉也日益高涨。

从只有 1 文钱的穷少年到富可敌国的大盐商，鲍志道实现了无数徽州人的经商之梦，也成为徽商的杰出代表。

乐乐爸爸："这个故事说明了哪怕是 1 元钱也都很重要。一个人的财富都是慢慢累加起来的。"

乐乐爸爸接着说："那 1 元钱去不去找回来呢？"

乐乐："应该，不然要当乞丐。"

乐乐爸爸和乐乐一起到冰淇淋店找回了那 1 元钱。

25. 摇钱树真的能长出钱吗？

一天，乐乐爸爸看报纸，报纸上说绵阳市博物馆里在展示一株摇钱树。

星期天，乐乐一家人特地坐火车到绵阳，看这一株摇钱树。

快过年了，很多人都想来看看这株摇钱树，讨个吉利，所以博物馆门口人很多。

"爸爸，为什么这么多人要来看摇钱树呢？摇钱树真的能长出钱吗？"乐乐问。

乐乐爸爸："那是美好的传说。说这摇钱树啊，只要摇一摇，树上就会掉下很多钱呢！"

乐乐和爸爸参观了博物馆，特别仔细地看了摇钱树。

乐乐喃喃自语："原来摇钱树长这样子的。"

乐乐爸爸："现在展出的摇钱树是古代的人做的，是希望自己做的生意给自己带来钱财、带来好运的意思。"

在回程的火车上，乐乐爸爸对乐乐说："乐乐，今天我们看了摇钱树，我们一起来看个故事吧。"

很久很久以前，山下住了一位老人家和他的两个儿子。哥哥每天都去工作，努力地种着水果树。可是，弟弟整天都待在家里睡觉。

有一天，老人家去世了，留下哥哥和弟弟。

弟弟跑来向哥哥说："哥哥，爸爸留给我们的山坡和田地，我要田地。那大山坡就给你吧。"

"嗯，好呀！"哥哥点头，同意弟弟的分法。

第二天，哥哥从家里扛了一把锄头、一把斧头，上山劳动。

哥哥每天早起上山劳作，天黑了才回家。哥哥在山坡上种田施肥，都收获了很多的水果和蔬菜，然后就拿到街上去买。

而弟弟呢，还是在家里睡觉，并没有出门工作。所以田地里长了很多杂草。

杂草又不能吃，所以弟弟就去找哥哥说："哥，我饿了。我的田里只长杂草，不长水果和蔬菜。我吃不饱。"

哥哥就给了弟弟不少的蔬菜和水果。

弟弟吃着水果想："奇怪，为什么哥哥的山坡长出这么多的蔬菜和水果，而我的田里却没有。"

第二天一早，弟弟跑去找哥哥："哥哥，为什么你的山坡老是长好作物，是不是爸爸给你留下了什么宝贝啊？"

"嗯，宝贝？"哥哥想了想，说："是啊，是有宝贝，爹给我留下一棵摇钱树呐！"

弟弟："什么？摇钱树？这摇钱树是什么样啊？"

哥哥："摇钱树嘛，两个叉，每个叉上五个芽，摇一摇，就开金花儿，要吃要穿都靠它。"

弟弟听了，就想把摇钱树偷来，种到田地去，那可就发财了。

过了几天，弟弟趁哥哥不在的时候上山坡去找摇钱树。

"嘿，这棵树上有两个叉，每个叉上正好有着五个小树芽。我找到啦！"弟弟高兴得跳起舞来。赶紧把树刨起来，带回家。

弟弟把小树扛在肩上，急急忙忙往家走，一边走，一边笑："哈哈哈哈，我得了一棵摇钱树，我可以吃不愁，穿不愁了。"

一到家，弟弟就把小树种在院子里，抱着小树摇了起来，他摇啊、摇啊，但树上只掉落了几片树叶，什么金子、银子的都没掉下来。

隔天，弟弟又饿了，只好跑去找哥哥。他对哥哥说："哥哥啊，你家的摇钱树，真能摇下钱来吗？"

"能，能啊！"

弟弟红着脸说："我摇了你家的摇钱树，但就只摇下叶子呢。"

哥哥一听，觉得挺奇怪的："你什么时候摇过我的摇钱树啦？"

"嗯，嗯，是这么回事……"弟弟脸又红了，把偷哥哥家小树的事说了。

哥哥一听忍不住笑了："哈哈哈，你这个傻瓜，我的摇钱树，谁也偷不走啊!"

"啥，让我看看好吗?"弟弟好奇地说。

哥哥把两只手一伸:"你看吧!"

"在哪儿?"

哥哥:"我的摇钱树就是我的两只手，这手长得像两个树权。权上五个芽就是我手上的五个手指头啊!"

弟弟越听越糊涂:"手? 手怎么成了摇钱树啦?"

"地是两手开，树是两手栽，房是两手盖，衣服是两手裁。日子要过好，全靠两只手。"

乐乐听着听着笑了起来:"我们的手就是摇钱树啊!"

乐乐爸爸:"是的，乐乐听懂了。劳动创造财富，我和妈妈只有认真地去上班才有收入，我们家才能过上美好的生活。"

26. 守财奴是什么？

有一天，乐乐看完了葛朗台的故事后就问："爸爸，守财奴是什么意思？"

乐乐爸爸："那你觉得故事里的葛朗台是个什么样的人？"

乐乐："葛朗台是个自私的人。"

乐乐爸爸："对的，葛朗台他自私、冷漠，对社会和家人不负责任。他的眼中只有金钱和财物，是不是？"

乐乐："是的。"

乐乐爸爸："他对他自己都很苛刻，自己舍不得用一分钱，对不对？"

乐乐："对的，他吃烂果子。"

乐乐爸爸："他就是一个守财奴，把自己当成钱财的奴隶，他这样是不对的。人太吝啬就不受人欢迎，人们都不会喜欢他，甚至是厌烦他。你愿意做守财奴吗？"

乐乐："不要，我才不做守财奴呢！"

乐乐爸爸："对，守财奴是做不好生意的，没人愿意与他打交道。"

乐乐："那该怎样花钱呢？不能太吝啬，也不能太大方，好难啊！"

乐乐爸爸："其实也不难，关键是要学会理性消费，削减不必要的支出。要养成'量入为出'的理性消费习惯。消费前多计划、消费中巧省钱、消费后多记账。不管钱多钱少，都要帮助别人。因为帮助他人不仅可以使他人摆脱困境，同时自己也会感到快乐。予人玫瑰，手有余香，这就是给予的力量。"

乐乐："我明白了，难怪妈妈总是教我要学会分享。"

79

27. 选宝游戏

有一个周末，乐乐爸爸对乐乐说："乐乐，我们来做个游戏，好吗？"

"好！"乐乐高兴地答应了。

乐乐爸爸找来一个盒子和 10 张卡片，在卡片上分别写上：急救包、一件古董、5 万元钱、火柴、珠宝、铁锅、矿泉水、黄金、饼干、羽绒衣，然后将这些小卡片放进盒子里。

"乐乐，现在我们来做'选宝'游戏。你先从盒子里选出自己认为值钱和没有价值的东西各两样。"乐乐爸爸说，"开始！"

乐乐开始选值钱的东西，他拿出来又放进去，终于选好了。

乐乐爸爸看到乐乐选的值钱的东西是黄金和珠宝，没有价值的是火柴和饼干，然后问乐乐："你为什么这样选呢？"

乐乐回答："黄金、珠宝都很值钱，火柴和饼干就几元钱。"

乐乐爸爸："是的，这就是价格的区别。那要是一个人因为飞机失事掉到大海里，漂到一个孤岛上，这时候他应该选什么呢，乐乐？"

乐乐想了一会儿，说："饼干和急救包。"

乐乐爸爸："对，这就要看自己的环境，有的东西在不同的环境中价值不同。在孤岛上，钱、珠宝、黄金都没用，那时候饼干、急救包、火柴这些才最有价值。这个游戏告诉我们：财富是相对的，价值多少不重要，关键是要对自己和社会有用。"

乐乐："我们家有财富吗？"

乐乐爸爸："有，我们家的房子、汽车、钱等就是我们的家庭财富。"

乐乐："那还有国家财富吗？"

乐乐爸爸："当然，世界上有穷国和富国的差别，就是因为国家的财富不一样。国家的山、河、湖、海等是自然财富，所以我们要爱护环境。土地、城市、军队等这些也都是国家财富。"

81

乐乐："那我们国家的财富很多，国家大，钱又多。"

乐乐爸爸："一个国家和一个人除了要创造物质财富，更要有精神财富。精神的力量是人们奋斗的支撑，是实现种种可能性和物质财富的动力。"

乐乐："什么是精神财富？"

乐乐爸爸："如积极的精神态度、健康的身体、学习能力、做事情的能力等。乐乐，你知道一个人最重要的财富是什么吗？"

乐乐："有很多的钱。"

乐乐爸爸："不对，虽然钱财重要，但与自己的生命比就很微不足道，拼着命去博取钱财是很不值得的。要记住'人为财死，鸟为食亡'的古训。"

乐乐："'人为财死、鸟为食亡'是什么意思呢？"

乐乐爸爸："我们一起来看一个故事吧。"

很久很久以前，有两个贪婪的家伙上山烧木炭。挖炭窑时，挖出了一坛子财宝，他们那个得意呀，就别提了！于是其中一个说："你回去带中午饭来，我在这里守着，挖到财宝的事不要跟任何人说。"

那个人爽快地答应了，于是下山拿午饭。回去的人要半个多时辰才能回来，于是，守在窑边的人就寻思起来：这坛宝贝要是属于我一个人该有多好啊，可还要分走一半，心有不甘啊！贪念既起，他又想：我何不这样，就说出了事故，这坛宝贝就全归我了。他拿定主意，专等送饭人来。

话说下山取饭的人，也打着独吞财宝的主意，寻思何不在饭里放些毒药，打发那个人就行了，自己可以独享财宝，因此十分得意。

中午饭终于送过来了，可一个不留神，守窑人一锄头就结束了送饭者的小命，他得意地享受着美餐，没吃几口，人就倒在地上，饭也洒了一地。

几只小鸟飞过，停下啄了几口饭，也死了。

一位神仙路过，看到此情此景，叹息道："人为财死，鸟为食亡啊！"

乐乐爸爸说道："乐乐，你怎么看这个故事呢？"

乐乐："这个故事告诉我们，生命比钱财重要。"

乐乐爸爸："对，生命才是自己最大的财富。'人为财死，鸟为食亡'是旧时俗语。本义是人为了追求金钱，连生命都可以不要。鸟为了争夺食物，宁可失去生命，引申意思是不管人还是动物，在难以保全生命的情况下会用尽全力去尝试加以保全，以至于不择手段。这个故事警示人们要正确对待金钱。金钱是很重要的流通品，是商品交换的介质，但生命对每个人来说是最重要的。切不可为了金钱付出一切，这是本末倒置，是不明智的做法。金钱只是财富的一种，健康、快乐、新鲜的空气等都是金钱买不到的。"

第三部分

初中阶段

28. 我们是房奴吗？

有一天，乐乐问："爸爸，我们家的房子是自己的吗？"

乐乐爸爸："是的，我们家的房子是爸爸妈妈买的。"

乐乐："我们的房子是按揭的吗？"

乐乐爸爸："是按揭的呀。"

乐乐："那是怎么按揭的呢？"

85

乐乐爸爸："按揭大概意思是向银行借一部分钱，银行向购房者发放住房贷款。现在比较流行按揭买房，这样可以有更多资金应对生活中的其他风险。"

乐乐担心地问："电视上说按揭买房会变成房奴，按揭买房也有很大的风险，那我们是房奴吗？"

乐乐爸爸："我们家不算房奴。房奴是人们抵押贷款购房后影响正常的家庭消费和生活。这样容易有较大的还贷风险，会影响生活质量。"

乐乐："我们家的钱够吗？"

乐乐爸爸看了看乐乐，坚定地说："够！我们每个月收入的

15%用来还房子的贷款，还剩85%的收入用来供你学习和我们全家的生活。"

乐乐放松地说："还好，我们没有风险，我们家不是房奴！"

乐乐爸爸："买车子和房子都要花很多的钱，要根据每个家庭的收入情况和用途来确定，如果家里钱不多，又要去抵押或按揭买车买房子，就会出现家庭资金紧张，到时就会成为房奴或车奴，一家人就会很焦虑，小孩也不会得到好的学习机会。"

乐乐："那按揭买了房子，后来还不起钱怎么办呢？"

乐乐爸爸："按揭都有一些风险，如果按揭买房后，每个月不能按时还款，房子就会被银行拍卖，知道吗？"

乐乐："那我们该把钱存够了再买房子。"

乐乐爸爸："按揭买房也有好处。按揭买房可以让我们提前住上好房子。如果等几年再买房，有可能房价涨了，就不一定买得起了。"

乐乐："那我们买对了。"

乐乐爸爸："当然要考虑风险，如果工作稳定，收入也稳定，每个月银行还款又不高，这个风险就可控。"

29. 为什么低买高卖还赚不到钱呢？

一天，乐乐爸爸和乐乐妈妈在聊天："你以为自己已经在地板上了，谁知道还有地下室；你以为自己已经在地下室了，谁知道还有地狱；你以为自己已经在地狱了，谁知道地狱还有十八层……"

乐乐："这是什么笑话？"

乐乐爸爸："这不是笑话，是炒股者的惨痛经历，也是有的做生意的人出现亏损的原因。"

乐乐："是什么原因呢？"

乐乐爸爸："大家都知道做生意是低买高卖，然后就赚钱了。"

乐乐："低价买来高价卖出去就赚钱了，菜市场的老板就是这样赚钱的。"

乐乐爸爸："对的，生意的本质就是低买高卖，以较低的价格进货，然后以较高的价格卖出，赚取差价。菜市场一家人可以这样做生意，他们一大早到蔬菜批发市场去进货，然后回到菜市场卖，赚取的差价，交了市场管理费后，就是自己的利润，但这都是辛苦钱。如果做其他生意就不完全是这样了。"

乐乐："为什么低买高卖还赚不到钱呢？"

乐乐爸爸："做其他生意和炒股票最难的就是，你怎么能够确定自己买入的时候是处于'低点'呢？这个就是由眼光和进货数量等因素决定的。"

乐乐："这个我知道，进货数量多就可以降价。"

乐乐爸爸："乐乐真聪明。低点买高点卖的参照系数是什么？低点高点都不好确认，就像这两年'大蒜爆涨'的案例一样，前一年大蒜的市场价格高到了天上，你以为今年把收购大蒜的价格定到了去年市场价格的1/20，够低了吧？在你的意识之中，只要大蒜的价格能够达到去年的1/5，你就可以赚得盆满钵满，但是实际上呢？因为上一年大蒜价格太高，第二年几乎所有的农民都改种了大蒜，而这种行为导致市场价格不但达不到去年的1/5，甚至都达不到你的收购价……这个时候，你能怪谁呢？所以这些都要靠做生意的人根据市场的各个因素来判断，才能赚到钱。"

乐乐："那做生意要学很多知识才行。"

乐乐爸爸："对的，还有一个原因就是，即便市场价是统一的，成本价也是统一的，你就能保证自己的货物的销量吗？拿1元一瓶的矿泉水来说，一个小区便利店周围只有100户住户，其销量是无法和人流量充足的十字路口旁边的小卖部相提并论的。你可能确实做到了低买高卖，但是受限于销量，卖水的收入可能根本无法养活自己。"

乐乐："小卖部原来赚很少的钱。"

乐乐爸爸："对，今天我们一起来了解一个历史人物白圭，白圭是战国时候的人，他是一位著名的经济谋略家和理财家。"

白圭提出了一套经商致富的原则，即"治生之术"，其基本原则是"乐观时变"，主张根据具体情况来实行"人弃我取，人取我与"。当时的贸易是以货易货，而白圭的高明之处就是准确掌握市场行情，在别人觉得多而抛售时，他就大量地吃进，等别人缺少货物需要吃进时，他就大量抛出。这样低进高出，必能从中取利，积累财富。他认为只有以足补缺，以丰收补欠收，使全国各地物资互相支援才能在辅民安民的同时为国家理财致富。

乐乐爸爸："乐乐，你觉得这位叫白圭的理财家厉害吗？"

乐乐："白圭真是厉害啊！"

乐乐爸爸："白圭为达到理财富国的目的，对各种市场信息极为重视，还强调商人要有丰富的知识，同时具备'智''勇''仁''强'等素质，要求既要有姜子牙的谋略，又要有孙子用兵的韬略，否则经商是很难有大成就的。乐乐，咱们古代具有经商治国大智慧的人还有很多，你抽空可以去上网查查，梳理一下。"

30. 为什么海边的虾要便宜些呢？

90

有一个暑假，乐乐同学几家人一起到山海关和辽宁兴城去旅游。

旅游期间他们参观了山海关，在辽宁兴城看见了漂亮的海上日出。他们到兴城菊花岛上玩，大家和当地渔村的渔船一起出海，见到了渔民捕鱼、虾和螃蟹的过程，孩子们兴奋极了！

晚上他们在渔村吃饭，桌子上都是一大盆一大盆的螃蟹和虾。

乐乐突然说："这里的螃蟹这么多呀！大家都用盆子装。"

乐乐爸爸说："这里的海鲜便宜。"

乐乐："为什么海边的虾要便宜些呢？"

乐乐爸爸："乐乐，你今天不是跟着我们坐船去看渔民捕鱼、虾吗？这里就是生产地。我们在成都吃的海鲜都是从这里或者南方的海里打捞上来的，然后装进泡沫箱，坐飞机运到成都的，要给运费等，所以成都的海鲜很贵，这里就便宜了。"

乐乐："哦哦，原来如此啊！"

吃完晚饭后，他们到海边玩耍，坐在海边的礁石上看着船在海浪上涌动着，上下起伏。

这时候乐乐又问："爸爸，成都的虾怎么有时贵有时又便宜呢？"

乐乐爸爸："这就是经济学中最基础的问题，一个叫供给，一个叫需求。什么叫供给呢？比如说海鲜，就是海边的渔民把鱼捞上岸，卖给中间商，他们把海鲜运到不靠海的地方去卖，这海鲜的多少就是供给。什么是需求呢？根据海鲜的价格，愿意买海鲜来吃的人数。这海里边的鱼和虾如果少了，这些捕鱼的人当然捕捞得就少了，那成都的海鲜会怎么样呢，乐乐？"

乐乐："成都的虾也少了。"

乐乐爸爸："对，成都的虾少了后，就要涨价。这就是供给与需求的关系。知道了吗？"

乐乐似懂非懂地点点头："知道了。"

乐乐爸爸看乐乐不太懂的样子："我们一起来看个故事你就清楚了。"

在西晋太康年间有一个叫左思的人。左思小时候，身材矮小，貌不惊人，说话结巴，显出一副痴痴呆呆的样子，他父亲一直看不起他。

左思不甘心受到父亲的鄙视，开始发奋学习。后来，他决心依据事实和历史的发展，写一篇《三都赋》，把三国时魏都邺城、蜀都成都、吴都南京写入赋中。十年后，这篇凝结着左思甘苦心血的《三都赋》终于写成了！

可是，当左思把自己的文章交给别人看时，却受到了讥讽。当时一位著名文学家陆机挖苦他是不知天高地厚的小子，其他人也说一无是处。左思不甘心自己的心血遭到埋没，于是找到了当时的著名文学家张华。

张华先是逐句阅读了《三都赋》，他越读越爱，到后来竟不忍释手了。他称赞文章写得非常好，并推举给皇甫谧看。

皇甫谧看过以后对文章予以高度评价，并且欣然提笔为这篇文章写了序言。他又请来著作郎张载为《三都赋》中的魏都赋作注。

《三都赋》很快在京都洛阳广为流传，人们啧啧称赞，竞相传抄，一下子使纸昂贵了几倍。原来每刀一千文的纸一下子涨到两千文、三千文，后来竟销售一空。不少人只好到外地买纸，抄写这篇千古名赋。

乐乐爸爸："乐乐，为什么会出现'洛阳纸贵'的现象呢？"

乐乐："因为在京都洛阳，人们都买纸来抄《三都赋》，所以纸就不够了，就会涨价。"

乐乐爸爸："纸的需求越来越大，而纸的供给却跟不上需求，这样一来纸的价格就会不断上涨。一般来说，供需平衡时，市场价格就是正常价格。当供大于求时，市场价格低于正常价格；当供不应求时，市场价格高于正常价格。这就是人们常说的'物以稀为贵'。"

31．为什么机票早买更便宜?

有一天，乐乐和大伯一家一起吃饭，谈到春节去旅游的事情，得知大伯他们准备到昆明去旅游，乐乐也想去。乐乐爸爸马上买机票，结果机票只打了九折。

乐乐听到爸爸的话，问:"爸爸，大伯他们不是买的七折机票吗?"

乐乐爸爸:"这次是我们决定晚了，提前订票的时间很短，航空公司就只有九折票了，而大伯提前好几天就预订好了。"

乐乐:"购买同一航班的机票，为什么多提前几天就便宜些呢?"

乐乐爸爸:"航空公司为了吸引客源，保障飞机上座率，会提前放出较低折扣的机票吸引客源，而上座率达到一定比例后，航空公司就有利润可图了，便将价格逐渐升高，甚至升至全价。这样能保证有足够的收益，所以机票是越早订越划算。"

乐乐听了后有些迷糊。

乐乐爸爸接着说:"因为每一次飞机起飞到降落所需要的费

用基本是一样的，但是每次飞机的上座率不一样，就是坐的人不一样多。比如一架飞机有 200 个座位，航空公司不能确定这个航班有几个乘客，如果坐满了，航空公司就赚很多钱，如果没坐几个人，航空公司就亏了。所以航空公司就吸引大家尽早购买他们公司的机票，越早买优惠力度就越大，如果在这个航班起飞前一两天订票的话，表示你急需这张机票，那航空公司给你的优惠就很少了，甚至是全价。知道了吗？"

乐乐："那航空公司为什么要打折呢？"

乐乐爸爸："原因很多，其中一个主要原因是航空公司之间的竞争，因为大一点的城市都有很多家航空公司，所以航空公司要抢客源，就要给折扣。"

乐乐："早知道我们就买'红眼航班'，要便宜些。"

乐乐爸爸："乐乐不错嘛，还知道'红眼航班'。那你给爸爸说说什么是红眼航班。"

乐乐："红眼航班是晚上飞的航班。"

乐乐爸爸："红眼航班是指航空公司的夜间飞行航班，为了提高飞机利用率，利用夜间飞机空闲时间安排飞行，以便降低航班成本。在我们国家，红眼航班主要是加班的旅游包机，严格来讲是夜航包机，票价仅仅是普通航班票价的一半甚至更低。"

过了一会儿，乐乐又跑过来问："爸爸，机票是先买便宜，但是商场的东西为什么是后买要便宜些呢？"

一起吃饭的人都夸奖乐乐会思考了。

乐乐爸爸："乐乐的想法是对的，商场的商品很多是后买要便宜些，主要有几种情况。第一种呢，确确实实是做促销的，带动消费者消费。商场隔一段时间就打折，这是一种销售方法。薄利多销是指低价低利扩大销售的策略。第二种呢，因为产品快要过期了，所以就打折便宜一点卖出，因为过期了就卖不出去了。这些主要是食品。"

乐乐："我晓得，每天晚上 9 点半后大商场的菜、鱼都打 6 折，限时抢购。"

乐乐爸爸："对的，因为第二天那些菜和鱼就不新鲜了，有的还要变质，只能扔掉。打折是经营手段，开始卖的商品利润都很高，商场不会亏的。还有就是第三种，很多商品新上市时样式新、款式好，很多人即使知道这时商品的价格很高，也愿意买。商场会等到卖过季节后再打折。所以，商场的东西是后买要便宜些。"

95

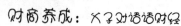
32. 什么是啃老族？

　　有一天放学，乐乐给爸爸出了一个谜语："一直无业，二老啃光，三餐饱食，四肢无力，五官端正，六亲不认，七分任性，八方逍遥，九坐不动，十分无用，你猜猜是什么？"

　　"打一什么？"爸爸问他。

　　乐乐："打一个人。"

　　"不知道。"爸爸说，"这是什么无聊的谜语！"

　　乐乐："啃老族，二老啃光嘛！"

　　乐乐爸爸："那你知道什么是啃老族？"

　　乐乐："不知道。"

　　乐乐爸爸："啃老族就是一些人长大了找不到工作或者有工作不认真上班被辞退，自己没有办法独立生活，就向他们的爸爸妈妈要钱来吃饭、穿衣服。那乐乐觉得这样的人对不对？"

　　乐乐："不对，他们应该去挣钱。"

　　乐乐爸爸："对的，儿子。他们并非找不到工作，而是因为各种原因主动放弃了就业的机会，不仅衣食住行全靠父母，而且花销往往不菲。"

乐乐："那我是不是啃老族？"

乐乐爸爸："你不是，小孩子在大学毕业前，爸爸妈妈都有抚养的责任。"

乐乐："那就好。"

乐乐爸爸："还有一种啃老族，他们虽然会去上班，但是他们透支消费，钱不够用也啃老。"

乐乐："什么是透支消费呢？"

乐乐爸爸："比如你每星期的零用钱是6元，而你这个星期用了7元，你就多用了1元，你就透支了。"

乐乐："哦，那就是月光族吗？"

乐乐爸爸："对，就是每月赚的钱都花光的人。同时，也用来形容赚钱不多、每月收入仅可以维持基本开销的一类人。他们喜欢追逐新潮，只要吃得开心、穿得漂亮，想买就买，根本不在乎钱财。那透支消费的月光族对不对呢？"

乐乐："不对，人应该节约。"

乐乐爸爸："节约是对的，不过，人积累财富主要还是靠多努力，增强本事，多挣钱，这就叫开源。另外每个月的钱要有计划地用，不能成为月光族。不能有多少用多少，知道了吗？"

乐乐："知道了。"

乐乐爸爸："所以，你每天要把你的账记好，买了什么，隔几天要看一下，什么东西该买，什么东西不该买。"

乐乐："我们班的春春就有钱，他不需要记账，还请我喝了奶茶呢！"

乐乐爸爸："你们小朋友之间不要经常让别人请吃东西，可以实行 AA 制。"

乐乐："AA 制是什么呢？"

乐乐爸爸："AA 制就是同学们一起吃饭或者买东西时，大家自己付自己的钱，每人平摊。"

乐乐："这样就很公平了。"

乐乐爸爸："对的，你们今后在学校或同学之间搞活动就可以实行 AA 制。"

乐乐："知道了。"

33. 赛车手和出租车司机

乐乐特别喜欢在电视上看赛车比赛。一天，乐乐喜欢的赛车手舒马赫出现在比赛里。

乐乐好奇地问："爸爸，开赛车是舒马赫的工作吧？为什么开赛车的比开出租车的有钱呢？"

乐乐爸爸："赛车手和出租车司机都是一种职业，都为社会做贡献。舒马赫的工作是赛车，和出租车司机有些不一样。"

99

乐乐："哦，那有什么不一样呢？"

乐乐爸爸回答："要成为一名赛车手，是需要很精湛的技术的。乐乐，你看电视里要能够开这么快，并顺利地超越别人，还要经常转弯，这需要花很多时间进行训练。舒马赫开的车叫赛车。这种车和出租车不同，跑起来比出租车快很多，并且两者赚钱的方式也不同。"

乐乐："哪里不同呢？"

乐乐爸爸："出租车司机只要接送一次客人，就能赚一次钱。钱的多少，是按客人乘坐的时间和距离来计算的。可是，

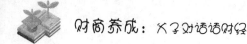

舒马赫当赛车手就不同了，舒马赫的收入主要靠比赛的奖金和赞助商。"

乐乐："为什么公司要赞助舒马赫呢？"

乐乐爸爸："因为舒马赫开车技术好，比赛成绩好，是全世界最有名的赛车手之一，所以对公司的宣传效果非常好。你看电视上舒马赫的镜头有很多，电视机前的观众时时在注意他的情况。你仔细看他身上的衣服，上面是不是有很多的图案？"

乐乐："嗯，有很多。"

乐乐爸爸："当电视机跟着舒马赫时，这些公司的标志就会一直出现在大家眼前。这样，就可以经由舒马赫来提高公司的知名度。"

乐乐："这些公司真聪明。"

乐乐爸爸："对的。所以舒马赫的工作就是一直比赛，拿到好成绩，得到更多的赞助，赢得奖金，还能为国家争光。赞助也是一种投资。像篮球明星林书豪，电视、新闻里常常报道他，如果耐克公司赞助他，那么喜欢林书豪的人就会去买耐克的球鞋，耐克公司就获得了很好的宣传效果。这样的投资换取的品牌价值和收益往往都比较高。"

乐乐突然问道："爸爸，开赛车的都非常有钱吗？"

乐乐爸爸："乐乐，赛车手的奖金都很高，不过，开出租车为老百姓的出行提供了便利，也是很有意义的。当一名赛车手需要有高超的车技，但同时也是很危险的。这样的工作，可不是每个人都能做的。"

乐乐："舒马赫真厉害！又赢了！我们班好几个同学都喜欢他。我也想成为舒马赫那样的赛车手。"

乐乐爸爸："那你知道成为赛车手需要哪些条件吗？"

乐乐："不知道。"

乐乐爸爸："乐乐现阶段就是好好学习，说不定，以后在自己工作的领域也能变成佼佼者。"

乐乐："那我是做舒马赫好还是林书豪好呢？"

乐乐爸爸："还是做乐乐自己最好。"

101

34. 发票是证明我们吃的是什么吗?

一天，乐乐一家人在餐馆里吃饭。

吃完饭，乐乐爸爸付了钱后，服务员没有给发票，乐乐爸爸便要求乐乐去找服务员拿发票。

这时候，乐乐就问："爸爸，发票是证明我们今天晚上吃的是什么吗?"

乐乐爸爸："不是。发票是我们花钱后餐馆老板给我们的付款凭证。"

乐乐："我们拿发票有什么用呢?"

乐乐爸爸："我们拿发票后，老板就要给国家缴纳税收。国家将这些税钱集中起来，就可以修路、修学校。"

乐乐："那税务局的人每天都来收吗?"

乐乐爸爸："不是，是这些餐馆、单位、工厂每个月按时到税务局去缴。这种定额发票是餐馆工作人员到税务局去买的时候就按所买发票金额缴税了。这个发票还可以刮奖呢!"

然后，乐乐爸爸就教乐乐怎么刮奖票，结果还中了5元钱。

乐乐非常高兴，连忙说："爸爸，下次吃饭一定要发票，我来刮奖。这家餐馆还有奖，太好了！"

乐乐爸爸："这奖不是餐馆发的，是税务部门为了鼓励大家在消费后索要发票，防止偷漏国家税的一种奖励。发票由税务机关统一印制、发放和管理，其他个人和单位都不能自己印。我们要仔细辨别发票的真假，有的餐馆为了少纳税，就给顾客假发票。"

乐乐："还有假发票呢，那我们要小心。"

乐乐爸爸："我们在商场买东西，商场也要给我们开发票，你知道商场给我们发票的作用吗？"

乐乐："证明我们买了东西，就可以带回家。"

乐乐爸爸："发票上记录了我们买东西的清单和商场的印章，又有经办人签章，还有发票代码等，这样就有了法律证明效力。如果我们买的东西不合适或者是坏的，就可以拿着发票向卖货的单位要求调换、退货、修理商品。"

乐乐："那以后买东西和吃饭都得要求商家开发票。"

乐乐爸爸："对的，这样可以保护自己的合法权益。"

35．有牛市，有没有猪市？

有一天，乐乐放学回家问爸爸："爸爸，大家说起股票的时候，总说牛市，那有没有猪市呢？"

乐乐爸爸笑着回答："没有，牛市是大家约定俗成的，就是证券市场行情普遍看涨、延续时间较长的时候。你看有的证券公司门口就塑了一头牛在那里，就是希望股市上涨的意思。"

乐乐："那是证券公司规定的叫牛市？"

乐乐爸爸："我给你讲讲牛市和熊市的来历。这其实是来源于牛、熊攻击的方式。牛在攻击对手时，往往是向前冲用角抵对方，并且角是自下向上发力；而熊在攻击对手时，往往是用熊掌拍打对方，熊掌的方向是从上往下。其深远意义在于：股市的调整是不为人们的意志所左右的（像熊一样不能驯化），熊市是牛市的消化，使之再度循环。熊是投资者的治疗医生，教人们控制自己无止境的欲望，教人们怎样像熊一样，在必要的时候从喧嚣中归隐起来，耐心等待，冷静地思索并保持高度警惕，直到重生机会的来临。在证券交易中，bear 的意思是

'卖空者，做空者，抛售股票或期货希望造成价格下跌的人'，bull 的意思是'买进股票等待价格上涨以图谋利者，哄抬证券价格的人'。"

乐乐："还有牛人呢？"

乐乐爸爸："牛人是网络语言，与牛一样，作为形容词表现此人非常厉害，用来夸赞别人。或者当一个人做了一般人意想不到的事情，别人对此人表达的一种惊讶。时下，网络最为流行的是'史上最牛的人'。"

乐乐："哦。"

乐乐爸爸："说到牛市，乐乐，你知道什么是股票吗？"

乐乐："不知道。"

乐乐爸爸："股票是股份公司（包括有限公司和无限公司）在筹集资本时向出资人发行的股份凭证。简单地说就是几个人办了一个公司，钱不够，就向大家筹钱，然后这个公司就给大家开一个证明，证明上要写明出钱单位、钱的多少等，这个证明就是股票，出钱的人就是股东。只是这个公司要经过国家批准，满足一定的条件才能向大家借钱和发股票。"

乐乐："这钱什么时候还呢？"

乐乐爸爸："买股票的钱是不还的，股票一般可以通过买卖方式有偿转让，股东能通过股票转让收回其投资，但不能要求公司返还其出资。股东与公司之间的关系不是债权债务关系。股东是公司的所有者，以其出资额为限对公司负有限责任，承担风险，分享收益。"

乐乐："钱换成股票，如果收不回来就可惜了。"

乐乐爸爸："是的，买股票的确有很大的风险，但是如果你买的公司经营得很好，股票就很值钱，可以通过买卖股票的价差和公司的分红获得收益。你看证券公司每天有那么多人在买卖股票，如果你买的股票涨了你就赚钱了。有的股票一上市才几个月，买股票的人就把本钱拿回来了，还赚了很多钱。"

乐乐："股票都上市吗？"

乐乐爸爸："股票可以公开上市，也可以不上市。公司经营得很好，符合上市条件了就可以上市。不上市的股票，可以每年分红，如果发行股票的公司亏损了，就不分红。"

乐乐："那经营公司的人跑了怎么办呢？"

乐乐爸爸："买了一个公司的股票后，依据买股票的多少，选买得最多的人组成股东大会，股东大会选出董事会、招聘经理和管理人员来经营企业，同时选出监事会来监督企业的经营和管理。股东大会投票表决、参与公司的重大决策。因为股份公司的运作模式已经有几百年了，所以现在的上市公司管理会很规范。"

36. 爷爷的养老金

乐乐的生日到了，乐乐和妈妈一起到商场买了心爱的玩具。晚上全家人在一起吃饭，大家都给乐乐送上了祝福。

乐乐爷爷给乐乐一个红包，乐乐高兴地接过红包。过了一会儿，乐乐问爷爷："爷爷，你没有工作，哪来的钱给我呢?"

乐乐爷爷高兴地说："乐乐真聪明，知道没上班就没有钱了。但是爷爷原来上班的时候很节约，存了一些钱。现在退休了，但每个月还有养老金。爷爷的养老金就是爸爸所在单位（注：社保局）给我们发的。"

107

乐乐连忙谢谢爷爷。

乐乐接着问爸爸："爷爷的养老金是你们单位发的吗?"

乐乐爸爸："对的，爸爸的单位每个月要为好几万人发养老金呢。"

乐乐："那你们单位很忙了?"

乐乐爸爸："是的，爷爷奶奶都不需要到我们单位去，他们退休的时候把银行卡的号码告诉了我们单位，我们单位每个月把钱转到他们的银行卡上就行了。"

乐乐："那你们单位有很多很多的钱吗？"

乐乐爸爸："对的，每一个人在上班的时候要到社保局去参加养老保险，每个月给社保局交一定的钱，社保局就把这些钱集中起来存到银行里。上班的人一直交钱给社保局，等到了国家规定的年龄退休后就回家养老了，原来上班的单位就不发工资了。"

乐乐："那怎么办呢？"

乐乐爸爸："那接下来就由我们这种社会保险单位来给这些不上班的人发养老金，让他们不上班也有钱。"

乐乐："真好，不上班了还可以领钱。"

乐乐爸爸："对的，当然这个人退休之前必须要到社会保险部门去办理养老保险，要交 15 年以上的保险才能有养老金。不交养老保险或者没有交够 15 年都不能领取养老金。"

乐乐："那有的人老了就没有养老金了。"

乐乐爸爸："对呀，有的人年轻的时候不参加养老保险，不交钱，那他们老了就不能从我们那里领养老金了。"

乐乐："你们上班就是发放养老金的吗？"

乐乐爸爸："不止，还要负责发放医疗保险、工伤保险、生育保险、失业保险，今后爸爸有机会给你讲，这都是国家为大家设计的最低生活保障。每一个人从出生到死亡，国家都有社会保险政策来保障每一个人、每一个家庭最基本的生活。"

乐乐："那社会保险就是提供一种社会保障。"

乐乐爸爸："嗯，对的。"

37. 眼光就是财富

有一天，乐乐爸爸看到一个故事，觉得很有意思，就让乐乐也看看。

乐乐认真地读起来。

一位年轻人乘火车去西北某地。火车行驶在一片荒无人烟的山野之中，列车上的人们都百无聊赖地望着窗外。到了一个拐弯处，随着火车慢慢减速，一幢简陋的平房缓缓地进入人们的视野。也就在这时，几乎所有乘客都睁大眼睛"欣赏"起寂寞旅途中这道特别的风景。有的乘客开始窃窃议论起这幢房子来。年轻人的心为之一动。

返程时，年轻人特意在中途下了车，不辞辛劳地找到了这幢房子。主人告诉他，每天火车都要从门前"隆隆"驶过，噪声实在让他们受不了，房主想以低价卖掉房屋，但多年以来一直无人问津。

不久，年轻人用 3 万元买下了这幢平房，他觉得这幢房子处在转弯处，火车经过这里时都要减速，在荒凉的旅途中，乘

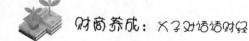

客冷不丁看到这幢房子都会精神为之一振，用来做广告再好不过了。他开始和一些大公司联系，推荐这道极好的"广告墙"。后来，可口可乐公司看中了它，在 3 年租期内，支付给年轻人 18 万元租金。

乐乐读完了故事。

乐乐爸爸："乐乐，从这个故事中你得出什么想法？"

乐乐："这个人很能干。"

乐乐爸爸："对的，只要具有独到的眼光，看到别人所不能看到的机会，就能真正地发财。眼光就是财富，那是因为不同的环境中有着不一样的机会。有一句名言这样说：当机会来临的时候有人能看到，有人在别人指给他看时才看到，有人则根本看不到。如果说在社会经济活动中，机会带来了财富，那么决定机会的便是眼光。"

乐乐："为什么不是每个人都能看见机会呢？"

乐乐爸爸："能在别人看来平常的东西上看到价值，这就是眼光。有眼光的人看问题，不只是看到眼前，他还能运筹帷幄，看得更远；没有眼光的人做事情，总是喜欢跟着潮流跑。与众不同，才可能有眼光。因此，在别人都没有看到的时候你看到了，这才叫'有眼光'。为什么人和人之间的财富有如此大的差别呢？关键就在于赚钱的思路以及看待事物的眼光。"

乐乐："眼光很重要。"

乐乐爸爸："就是，你现在要多看书、多思考，把自己训练成一个有眼光的人。一个眼光独到的人，总是能发现别人不留意的商机；而一个没有眼光的人，即使商机就在眼前，他也视而不见。要想拥有更多财富，就要训练自己的眼光，做到看一想二、看一想三。"

111

38. 金钱不是衡量成功的唯一标准

　　乐乐看到电视里的一条新闻，非常惊奇地对爸爸说："水稻之父袁隆平的名字品牌，刚上市就报出了 1 008.9 亿元的估价，袁隆平太有钱了！"

　　乐乐爸爸："那不全是袁隆平的钱，是一个农业高科技公司的，袁隆平是发起人之一，他只担任名誉董事长。"

　　乐乐："我以为是袁隆平自己的公司呢。"

　　乐乐爸爸："袁隆平是中国杂交水稻育种专家，中国研究与发展杂交水稻的开创者，被誉为'世界杂交水稻之父'，是首届国家最高科学技术奖得主。那个公司是利用袁隆平的声望命名的公司。"

　　乐乐："知道，名人效应。"

　　乐乐爸爸："对的，但袁隆平最值钱的是他脑子里的知识。他用自己的智慧和知识为全人类做出了贡献，解决了上亿人的吃饭问题。"

　　乐乐："就是，电视上说他开的车还不到 10 万元。"

乐乐爸爸："对，金钱不是衡量成功的唯一标准，他是为世界做出了巨大贡献的科学家，他的水稻嫁接方法可以养活几乎全世界的人口，但他没有成堆的财富。他成功了，但他的成功并不是为了钱！一个人是否成功，要看他是否为人民、为社会做出贡献。在这个时代，金钱是衡量一个人成功与否的标准之一，但不是唯一的标准。一个人在专业行当里被同行认可和肯定，也是成功。钱人人需要，够维持基本的生活就够了。"

乐乐："有钱还是好。"

乐乐爸爸："钱很重要，钱是生活的必需保障，所以从小就要培养自己的财商，长大后才有赚钱的本事，才会让自己生活得有质量。但是，金钱并不能和成功直接画上等号。那些对人类、社会做出很大贡献的人中有很多人都没有很多钱，但他们也很富裕、充实，深受人们的爱戴和尊敬。"

113

乐乐："受人尊敬也是一种成功。"

乐乐爸爸："对，社会上有些人虽然有钱，如果他们缺少社会责任感，缺失人性，大家都会厌恶他们，不会觉得他们成功。"

乐乐："知道了。"

39. 我也要鱼竿

有一天，乐乐和爸爸在书上读到一个故事：

从前，两个饥饿的人得到了两根鱼竿和两篓鲜活的鱼。

其中一个人选择了两篓鱼，另外一个人则选择了两根鱼竿。后来，他们分开了。选择鱼的人走了没几步，便用干树枝点起篝火，煮了鱼。他狼吞虎咽，来不及好好品尝鱼的香味，就连鱼带汤一扫而光。没过几天，他再也得不到新的食物，最后饿死在空鱼篓旁边。选择鱼竿的人开始只能继续忍饥挨饿，他一步一步向海边走去，准备钓鱼充饥。后来他终于达了海边。一条、两条……慢慢地他捕到了很多鱼，开始了以捕鱼为生的日子。后来他还组建了自己的家庭，有了自己建造的渔船，过上了幸福安康的生活。

读完故事后，爸爸问乐乐："故事里那个要鲜活的鱼的人为什么饿死了呢？"

乐乐："因为他很快把鱼吃完了。"

乐乐爸爸："对的。他选择立即满足自己的需求，没有考虑长远的事。鱼吃完了，就没有了。但鱼竿是钓鱼的工具，有了鱼竿，就可以掌握获得鱼的技能。"

乐乐："那我们肯定不能目光短浅，只盯'眼前的鱼'。"

乐乐爸爸："是啊，我们都不能做杀鸡取卵、竭泽而渔的蠢事，我们一定要记住'本钱'的重要性，要学会储蓄和积累理财的本钱，千万不要为了眼前利益而做出损害自己发展的事情，为了目前的小利丧失财富积累的机会。其次要学会赚钱的本领。"

乐乐："嗯，故事里的两个人如果可以合作就更棒了。两人可以一起先分吃两篓鱼，饱餐一顿后，再一起用两根鱼竿去钓鱼，钓鱼过程中也可以配合，这样两人之后还可以一起去卖鱼，把生意做大。"

乐乐爸爸："哈哈，乐乐这个'合作'的角度很棒，你还记得另外那个授人以渔的故事吗？"

115

乐乐："知道，我看过这个故事，就是一个小孩到河边，看到一个老翁在树下垂钓，老翁的鱼篓里已经是满满的一篓鱼，小孩非常喜欢，老翁看见小孩也很喜爱，决定将这篓鱼送给小孩，可是小孩不要这篓鱼，他想要老翁的鱼竿。"

乐乐爸爸："如果你是那个小孩，你要怎么选择呢？"

乐乐："我也要鱼竿。"

乐乐爸爸："对的，那个小孩想要学会钓鱼，这样他就会有更多的鱼了。我们要有远见和危机意识，要把眼光放远一点，要努力学习各种知识，虽然现在辛苦一点，但长大后就能应付社会生存竞争，就有较强的竞争力和持续发展的后劲，面对机遇也能冷静地把握。"

40. 投资需要很多钱吗?

116

有一天，乐乐问爸爸："爸爸，投资需要很多钱吗?"

乐乐爸爸："不一定，投资不分钱多钱少，钱少也可以进行投资。如果钱少就进行小型的投资，慢慢地钱就多了。"

乐乐："投资就能赚钱吗?"

乐乐爸爸："投资是让钱增值的方式，就是钱生钱。把钱投入自己认为可能获得利润的领域，然后耐心等待，在今后某一天，可能你所购买的东西会数倍地增值，这时候，投资就成功了。当然，也可能出现你购买的东西价格下跌的情况，这样就会赔钱。"

乐乐："那投资什么呢?"

乐乐爸爸："如果在妈妈所在的证券公司去投资，就可以买股票、买债券、买基金。其他如买黄金、买古董等都是投资，等你再长大一点，我们就将你的压岁钱用来投资，你也可以跟着去买。好吗?"

乐乐："好的。我怎样投资呢?"

乐乐爸爸："对于我们普通的家庭来说，投资的主要渠道包括金融市场上买卖的各种资产，如存款、债券、股票、基金、外汇、期货等，以及在实物市场上买卖的资产，如金银珠宝、邮票、古玩收藏等，或实业投资，如个人商铺、小型企业等，渠道很多。"

乐乐："我也想学投资。"

乐乐爸爸："要学会投资得慢慢来。第一步，要学会储蓄，在储蓄达到一定阶段时，可将储蓄的 20%~40% 用于投资。无论哪种投资都应该是闲钱，同时要学习投资理财知识。第二步，制定小目标，投资要以自己设立的目标为标准。第三步，选好一种投资方式，不管是基金、股票还是其他，你都要有兴趣去学习、钻研，然后在爸爸妈妈的帮助下选择投资方式。第四步，不要眼高手低，最开始以学习为主，不能太心急。第五步，持续稳定地投资，投资要养成习惯，成为长期的'功课'，不论亏、赚，都要坚持。第六步，买了股票就要长期持有，如果频繁买进卖出，精力和承受力都不够。第七步，限制财务风险，任何投资都要量入为出，要注意稳定性。知道了吗？这些你都要慢慢学习。"

117

乐乐："投资要学的东西可真不少。"

乐乐爸爸："在现代社会中，投资是每个人都应该掌握的技能，培养得越早，这种能力发挥得越强。经过长期的培养，人与生俱来的'投资天赋'会发展成为个性气质固定下来，表现为洞察力、进取心、勇气和独立判断的能力。投资要考虑的就是要付出去多少本钱，能够连本带利收回来多少以及对投资的信心。"

乐乐："投资真不是一件简单的事啊！"

乐乐爸爸："今天我们一起来学习一下猗顿拜师的故事。"

猗顿是鲁国的一个穷书生，种地养蚕都不行，不是务农的料。他便学习雕刻陶砖，手艺很好。

范蠡不但政治上谋略过人，做生意更是一把好手，是当时最有钱的人，更是中国历史上弃政从商的鼻祖。

有一天，范蠡来向猗顿订购一块陶匾，很急。猗顿说，他愿意通宵雕刻，到天亮时就可以完成，但唯一的条件是范蠡要告诉他致富的秘诀。

范蠡同意了这个条件，天亮时猗顿完成了陶匾的雕刻工作，范蠡也兑现了他的诺言，他告诉猗顿：

秘诀一：你赚的钱中有一部分要存下来，然后才用剩下的钱赚钱。不管你赚多少，一定要存下十之一二。

秘诀二：别和外行人合伙做生意！要向内行的人请教意见。

秘诀三：克服"小富即安"的思想，要依据"鸡生蛋、蛋生鸡"、滚雪球的原理渐渐繁衍壮大。

总之就是说，要学会如何获得财富，保持财富，运用财富。

猗顿后来践行了这三个秘诀，在10年之间，赚取了大量的财富，成为当时最富有的人之一。

乐乐听完了故事高兴地说："我也要向猗顿学习。"

41. 什么是金融危机？

有一天，乐乐刚放学回到家，就急急忙忙地问爸爸："同学都说要发生金融危机了，我们家是不是要买很多东西来存着呢？"

乐乐爸爸："不用。不过，我们可以一起来了解什么是金融危机。我们一起来看一个故事。"

在明朝嘉靖年间的苏州府，万福记的酥饼是远近闻名的风味小吃，每天门口排队的顾客络绎不绝，店家开足马力生产仍是供不应求。不仅如此，还经常有官府和大户插班下大订单，足够万福记忙上几天的，门面生意自然就照顾不了了。

有钱有势的官府和大户当然得罪不起，但是散客也是不能随意怠慢的。为了不让散客再空跑一趟，掌柜沈鸿昌情急之下，在收取定金之后打下了白条，允诺在指定的日子一定交货。

原本这只是应付散客的权宜之计，其实万福记并没有这个生产能力，但为了本店的招牌和口碑，沈鸿昌只好硬着头皮上了。战战兢兢过了一个月后，沈鸿昌惊讶地发现，情况并没有自己想象的那么糟糕，每天拿着白条来提酥饼的散客寥寥可数，门面卖出去的酥饼也不比以前多出多少，但每天回笼的钱却多出来不少。

细心的沈鸿昌多方打听，才知道有相当多的顾客购买酥饼，并不是留作自己食用，而是作为礼品馈赠亲友，而收礼的人也不见得会自己吃，往往过段日子找个机会转送出去。可问题是，酥饼存放时间长了就会发霉变质，没法再送人了。

再者，拎着偌大的饼盒到别人家里，既不方便，又惹眼。于是，好多人买了这种白条放家里，什么时候想吃了就自己跑到万福记兑换现成的，若是想送人还可以继续留存着。

沈鸿昌暗自琢磨起来，做一盒酥饼要花时间、人力和本钱，卖出去只能收到20文钱，这种白条几乎什么投入都没有，就可以凭空坐地收钱，而且不用担心马上就要兑现，岂不是无本万利？

不久，万福记开始印制盖有沈鸿昌私章的饼券，在门面叫卖起来。卖饼券的好处确实很诱人，酥饼还没有出炉，就可以提前收账，沈鸿昌不用再像以前为讨要欠款而苦恼了。

卖饼券的钱可以用来做其他买卖，而且不用付利钱。顾客手中的饼券总会有部分遗失或毁损，这些没法兑换的酥饼就被白赚了。苏州城内的布庄、肉铺、米店掌柜看着都眼红了，一窝蜂地跟着模仿，卖起了布券、肉券、米券……

饼券上面没有标明面值，购买时按照当时的价格付钱，提货时不用退补差价。酥饼是用粮食做的，价格跟着粮价变化，丰年和荒年的粮价起伏很大，正常年景时一盒酥饼卖20文钱，而在丰年只能卖15文钱，但在荒年可以卖到50文钱。一些精明的百姓将饼券攒在家里，等酥饼涨价时再卖给人家，性子急的人不屑于这种守株待兔的做法，他们通过赌来年的收成，做起了买空卖空的生意来。倘若来年是丰年，现在的饼券就跌价；倘若来年是荒年，现在的饼券就涨价。

不仅仅是饼券，市面上其他的券也被人做起投机交易来。当铺和票号见有利可图，不仅仗着自己本钱雄厚来分一杯羹，轻而易举地操纵起价格，而且接受百姓各类券的抵押，放起了印子钱。

如果这种情况继续发展下去，或许将会形成一定规模的证券市场和期货市场。

嘉靖年间是倭寇危害江浙甚重的时代。嘉靖三十三年（1554年）、三十四年（1555年），倭寇接连三次奔袭苏州府。

一时间，苏州城内物价飞涨、人心惶惶，商家趁机囤积居奇，市面上的券被百姓疯狂抢购。没等倭寇攻城，自己就先乱了，苏州知府任环痛下决心铁腕治市，强制平抑物价和开仓放粮。

市场供应逐渐平稳下来，于是券的价格一落千丈。券不值钱了，债户倘若归还印子钱，将券赎回就大不划算了，便纷纷赖起了账。当铺和票号里押着的券天天在蚀本，伙计们焦急地上门催讨印子钱。

可债户说，印子钱先前都用来抢购东西了，现在物价便宜了，我们手头却没钱了，要不那些券就留给你们吧。当铺和票号不敢再留这个烫手的山芋，赶紧找发行券的店家，要他们按照原价赎回。掌柜们当然不答应，当铺和票号狠了狠心，贱价卖给了百姓。百姓害怕物价再次上涨，拥进店里要求兑换。

但是商铺哪有这么多货呢？债台高筑的掌柜赶紧关门谢客，愤怒的百姓砸了店，苏州城内倒闭的商铺十之五六。任环从没见过这种场面，唯有使出强硬手段：责令各商铺限期回收券，倒闭的商铺收归官府，斩杀几个挑头闹事的暴民……

乐乐爸爸："万福记开始的经营策略还是很成功的，但是遇到了'金融危机'影响了万福记。这其中的奥妙值得学习。"

乐乐："什么是金融危机？"

乐乐爸爸："金融危机可以分为货币危机、债务危机、银行危机等类型。现在的金融危机呈现多种形式混合的趋势。金融危机的特征是人们基于经济未来将更加悲观的预期，整个区域内货币币值出现较大幅度的贬值，经济总量与经济规模出现较大幅度的缩减，经济增长受到打击，往往伴随着企业大量倒闭的现象，失业率提高，经济萧条，有时候甚至伴随着社会动荡。"

乐乐："金融危机真可怕。"

乐乐爸爸："这个故事可以反映出金融危机的过程：第一个

阶段是债务危机，于是饼券的价格一落千丈。饼券不值钱了，债户倘若归还印子钱，将券赎回就太不划算了，便纷纷赖起了账。第二个阶段是流动性的危机。当铺和票号里押着的券天天在蚀本，伙计们焦急地上门催讨印子钱。但是当铺和票号不能兑付债权人变现的要求。第三个阶段就是信用危机。就是说，人们对建立在信用基础上的金融活动产生了怀疑，从而造成这样的危机。"

乐乐："嗯嗯，我再去找点相关资料学习一下。"

乐乐爸爸："嗯，乐乐你感兴趣的知识就多自己去探索。"

42. 我也有社保卡

124

一天，乐乐从学校回到家，从书包里拿出一个信封交给爸爸。

乐乐："爸爸，这是学校发的，让我们回家交给家长。"

乐乐爸爸拿起信封一看，对乐乐说："哦，是社保卡。"

乐乐："社保卡是什么呢？"

乐乐爸爸拆开了信封，拿出了一张卡，对乐乐说："这是你的社保卡。"

乐乐："我也有社保卡啊？"

乐乐爸爸："你从幼儿园开始就有社保卡了。这社保卡表示你参加了少儿互助金。"

乐乐："什么是少儿互助金？"

乐乐爸爸："少儿互助金全称是'成都市大、中、小学生、婴幼儿住院医疗互助基金'，纳入成都市城乡居民基本医疗保险。简单地说就是'学生、婴幼儿版的医保'。"

乐乐："我参加这个有什么用呢？"

乐乐爸爸："给你举个例子：如果班上某位同学生了大病住院了，要花 4 万元钱，如果这位同学之前交了少儿互助金，参加了医保，这个时候医保局就帮这个小朋友出 2 万多元治病，自己家只花 1 万多元钱，这样，这个同学家里的负担就减轻了。这对有些家庭来说是非常实用的。"

乐乐："那你们大人有医疗保险吗？"

乐乐爸爸："我们大人平时生病去药店拿药、去医院住院，都有医疗保险作为保障。因为我们上班必须要交医疗保险，每个月个人交一部分钱，单位给我们交一部分钱，我们就有医疗保险了。你们小孩的医疗保险和我们大人的不一样，大人要交得多一些，但是到领养老金的时候，不需要交钱就可以享受医疗保险。"

125

乐乐："那爷爷奶奶就不需要交保险了。"

乐乐爸爸："对，上班的时候一直参加社会保险，退休后就享受待遇。"

43. 办企业很难吗？

126

　　小区门口到菜市场之间的空地上经常会出现摆地摊的小贩，一遇到城管检查，他们就迅速卷起摊子开跑，弄得很是狼狈。

　　乐乐经常看到这个现象。有一次乐乐带着同情的语调问："爸爸，他们为什么不办个企业呢？办了企业，他们就有固定的场所以免被追得到处跑。"

　　乐乐爸爸："办企业首先需要一些资金，更主要的是要有经营企业的意识和素质，你看这些小摊贩年龄都很大，家里钱又不多。对他们来说眼前的目标是到市场里或街边上租个摊位或门面就行了，也不影响市容。"

　　乐乐："办企业很难吗？"

　　乐乐爸爸："办企业、开公司首先要办一个执照，办执照很简单，现在1元钱就可以注册一个小公司了。有了公司以后就要一个办公地点，或者门面，还要请几个人来经营。这就需要管理，需要看经营是否合理、得当，才能赚到钱来发工资和交房租、税费。从这些方面来看，经营企业的确很难。"

乐乐："难怪他们要摆地摊。"

乐乐爸爸："办企业首先要选好项目，自己钱不够的话还要找人投资。我们一起来学习'味精大王'的故事。"

1920 年，29 岁的吴蕴初回到上海。十里洋场上海滩，到处是日商"味之素"的巨幅广告。当时，日本的味精风靡中国，一直占据着中国的味精市场。

吴蕴初暗暗下定决心改变这一现状，要研制出中国自己的味精来。

吴蕴初先是买了一瓶"味之素"味精回去仔细分析研究，发现"味之素"就是谷氨酸钠。1866 年，德国人从植物蛋白质中提炼出这种物质。吴蕴初开始在自家的小亭子里着手试制。经过一年多的试验，终于制成了几十克成品，并找到了廉价的、批量生产的方法。当时他手上一点儿资金都没有，怎么办？他苦思冥想之后，终于想出了一个办法。

127

他开始频繁地出入酒馆饭店，每到一个地方吃饭，他都会上演相同的一幕：当着所有客人的面从怀中取出一个小瓶，然后从瓶中倒出一点东西放入汤中，得意地喝起来。他的举动常常引起旁人的好奇。

终于有一天，崇新酱园的一位推销员王东园按捺不住自己的好奇心，请吴蕴初也给他的汤中放一些。王东园品尝后，大加赞赏。吴蕴初则趁此机会大力宣传起自己的产品来，王东园听了很激动，非常佩服吴蕴初。随后，王东园介绍吴蕴初结识了自己的老板张逸云。张老板接触吴蕴初后，觉得他研制的产品市场前景好，便立即拿出 5 000 块银洋给吴蕴初，让他将研发出来的产品投入生产。

很快，首批产品问世。吴蕴初将这种产品取名"味精"。为了宣传加入"味精"的食物如同天上庖厨烹制的珍奇美味，他又冠以"天厨"二字。他们打出"天厨味精，完全国货"的大旗，因味美、价廉大得人心，销路一下就打开了。

1926 年，天厨味精先后取得英、法、美三国给予的产品出口专利保护权，开中国轻化产品获得国际专利之先河。继而吴蕴初又办妥了进入这些国家的食品入境卫生检验手续。从此，吴蕴初成为闻名遐迩的"味精大王"。

乐乐爸爸："乐乐，你佩服故事里的吴蕴初吗？"

乐乐："太佩服了！他想办法筹到了办企业的钱，真聪明！我们的阅读课本上说'同仁堂'有 300 多年的历史，这是中国最老的企业吗？"

乐乐爸爸："乐乐，你可以自己去查实一下。中华老字号很多，全国各行业共有老字号商家一万多家，到现在仍在经营的却不到千家。一个企业要想长期存在，就要有好的产品和服务，还要不断创新。"

乐乐："嗯，企业要长期生存下去很不容易，难怪街上的百年老店不多啊！"

44. 税收就是大家交、大家用

乐乐："爸爸，发明避雷针的那个美国人富兰克林说，'人生中只有两件事不可避免，那就是死亡和纳税'。纳税为什么不可避免？"

乐乐爸爸："是的，税收与我们的日常生活息息相关、形影不离。"

乐乐："我没有纳税呀！"

乐乐爸爸："我们的衣、食、住、行都要纳税，虽然不是你直接到税务局去交，但是给你买衣服时，支付给商场的钱中已经包含了税金，我们吃的米、面、油等在购买价中也含着税。"

乐乐："那我们也交了税的。"

乐乐爸爸："对的，我们买房的时候房价中包含了税款，在办理房产证时还要交税。买车要交税，油价也含税。"

乐乐："那我们交的税是商场帮忙交的？"

乐乐爸爸："对，商场卖的东西中都含税，当然商场自己赚了钱，还要交另外的增值税等税。"

乐乐："那税收就是大家交的？"

乐乐爸爸："对，税收就是广大纳税人缴纳的，纳税人可以是单位和个人，大家都是纳税人，税收最终都来源于我们每个人，大家都为国家税收收入做贡献。"

乐乐："那税收都拿来干什么呢？"

乐乐爸爸："我们生活中能处处感受到税收带来的便利。比如，你早上去上学走过的街道，街道两边的树、路灯，学校的教室，这些都是用税收来建造的。"

乐乐："哦，这些都是税款修的？"

乐乐爸爸："国家、政府用的钱都是靠大家的税收，我们军队的枪、飞机、军舰都要很多的钱。比如，我们出行坐火车的铁路，开汽车的高速公路，喝的自来水，逛的公园，这些都有国家税收的作用。"

乐乐："但是有些我们要给钱呀！高速公路要收费，景区还要买门票。"

乐乐爸爸："那是因为国家税收不够，就让一些有钱的企业投资修的，他们可以收钱。还有，国家收回一部分钱又来继续投入新的建设，才能保证大家过上好日子，如修电站、水厂都花了很多钱，但是国家收一部分后又修新的电站、水厂，这样才能满足越来越多人的需要和维修已经修好的设施设备。"

乐乐："国家的税收还不够用吗？"

乐乐爸爸："对的，因为大部分国家的建设，修好后不收钱，需要国家建设的又很多，每年又要应付地震、洪水、台风、干旱等自然灾害，都要花很多的税款，所以国家用钱也要有计划和安排，也要和个人一样节约用钱。"

乐乐："国家的钱也有不够用的时候。"

乐乐爸爸："对的，因为税收要合理，不能收太多的税，不然社会就不和谐了，所以我们不能偷税漏税，应该做一个合法的纳税人，共同建设国家。"

45. 买保险就是保证汽车不被撞吗？

有一次乐乐陪爸爸去修车，在汽修厂修完车后，乐乐爸爸让汽修厂老板帮忙办理汽车保险。回家的路上乐乐问："爸爸，给汽车买保险就是保证汽车不被撞坏吗？"

"不是的。"乐乐爸爸顿时一乐。

乐乐："那汽车保什么险呢？"

乐乐爸爸："汽车保险是我们先给保险公司交几千元钱后，保险公司就给我们的汽车出一个保险单，今后我们的汽车如果被撞了，保险公司就会出钱帮我们修车，我们修车就不出钱了。"

乐乐："那如果我们车子这一年都没被修，保险公司会把钱还给我们吗？"

乐乐爸爸："不会还的。"

乐乐："那不划算！"

乐乐爸爸："保险的目的是万一汽车撞得太厉害，或者把人撞了就要出很多钱，有可能保险公司出的钱比我们交的几千元还要多很多。比如我们去年买保险花了 5 000 元，我们的车撞到树上，发动机大修，车子修理花了 9 500 元，我们不用出钱。"

乐乐："那保险公司的钱赔完了怎么办呢？"

乐乐爸爸："每辆车都要买保险，一年中，大部分车都不会出事故，知道了吗？"

乐乐："知道了。"

乐乐爸爸："保险不是确保不发生风险，而是在发生意外情况时，得到帮助和支持。保险的基本原则是累积很多人交的保险费，形成一个抵御和化解风险的保险基金，类似一个大集体，在这个大集体中每个人都是付出者，但同时也是受益者。通过付出，在遭遇事故时，得到及时的救助，这就是保险的基本功能。保险就是转移风险，买保险就是把自己的风险转移出去，为众多有危险顾虑的人提供保障。而接受风险的机构就是保险公司。保险公司借助众人的财力，给遭灾受损的投保人补偿经济损失。"

133

乐乐："保险还真有用。"

乐乐爸爸："保险就像飞机上的降落伞，虽然未必有用，但一旦飞机出事故就有用了；保险也像墙角的灭火器，或许过了使用期限还没派上用场，但一旦起火就有用。保险就是防患于未然。"

乐乐："那可以为哪些东西买保险呢？"

乐乐爸爸："保险主要有两类：一是财产保险，像企业财产保险、家庭财产保险、机动车辆保险等。二是人身保险，包括人寿保险、人身意外伤害保险、健康保险。比如每年开学不久你要交几十元钱给学校，就是学校统一给每个同学买的意外伤害保险，还可以买医疗保险、生病的保险等。"

乐乐："保险是现在商业社会才有的吗？"

乐乐爸爸："不是，保险有很长的历史了。人类社会从开始就面临着自然灾害和战争的侵扰，在与大自然抗争的过程中，古代人就萌生了对付灾害事故的保险思想和原始形态的保险方法。我国历代王朝都非常重视积谷备荒。孔子'拼三余一'的思想是颇有代表性的见解。每年如能将收获的三分之一积储起来，这样连续积储 3 年，便可存足 1 年的粮食，即'余一'。如果不断地积储粮食，经过 27 年可积存 9 年的粮食，就可达到不怕灾荒和战争的目的。"

乐乐："孔子真聪明。"

46. 出租车为什么要有起步价?

有一次，乐乐问:"爸爸，为什么出租车一按表就有 10 元钱了呢? 车都还没有开始跑。"

乐乐爸爸:"那是出租车的起步价，只要一坐上出租车，不管你坐多远都要给钱。"

乐乐:"那为什么要有个起步价呢?"

135

乐乐爸爸:"那是因为出租车有一个固定成本，出租车买车、买营运的资格证、出租车驾驶员工资等费用是相对固定的，国家在给出租车定价的时候就要先计算这部分钱，这部分钱要花很多，不然几年下来，车跑坏了，这些钱都还挣不回来。然后计算出一个起步价，加上你到目的地的里程价，就是出租车计价器上最后显示的金额。"

乐乐:"那如果去很近的地方就不划算嘛!"

乐乐爸爸:"就是，所以我们要尽量坐公交车，公交车便宜，坐很远才 2 元钱。近的话就走路，这样才节约。"

乐乐:"爸爸，我们坐出租车是在不方便的时候坐。对不对？"

乐乐爸爸："对的，出租车主要是不方便的时候坐，比如公共汽车到不了的地方，还有就是赶时间才坐。"

乐乐："每个城市起步价都一样吗？"

乐乐爸爸："每个城市不一样，主要还是受市场因素影响，各个城市的消费指数是不同的，要根据出租车行业的经营特点、城市的交通状况、城市大小、坐车的人数多少来做出一个价格安排。一般来说，都是本着发展出租车行业、解决交通问题的宗旨，既要保证出租车行业的合理利润，又要把这个价格控制在合理的范围内，让坐车的人花得起。当然这个价格也是经常变化的。"

乐乐："速腾出租车和捷达出租车的价格为什么不一样呢？"

乐乐爸爸："乐乐观察得真细致，这是因为两种车的价格差别很大，相差好几万元钱，好车的起步价就高些。"

乐乐："知道了。那为什么上次到那个海边城市，坐的出租车只收10元钱呢？"

乐乐爸爸："这是因为那个城市规定坐出租车到城里任何目的地，一概收取10元的固定车费。"

乐乐："为什么呢？"

乐乐爸爸："上次我们去的那个城市是个旅游的城市，因为那个城市开始的时候出租车乱收费，游客不熟悉路，很容易上当受骗，被出租车司机敲竹杠。为了让游客获得一段美好的经历，不让游客和其他缺少经验的旅游者担心司机绕远路，所以政府对出租车服务做了限价规定。"

乐乐："那出租车不是亏本了？"

乐乐爸爸："不会的，一是因为那个城市很小，大部分人都是游客，大多数人都是到景点、宾馆和吃饭的地方，路程都不会太远。这都是经过测算的，不然人们就不会开出租车了。"

乐乐："这么复杂呀！"

乐乐爸爸："这就是'处处留心皆学问'。今后坐车更方便了，现在共享汽车都出来了。"

乐乐："不是共享单车吗？那个小黄车。"

乐乐爸爸："近年'共享'这个词毫无疑问是最火的一个词，现在已陆续推出摩拜、ofo、小蓝等共享单车，共享汽车也已经推出来了，今后自动驾驶出租车也会在街上跑。"

137

乐乐："共享汽车运价比出租车还便宜？"

乐乐爸爸："当然了，没有驾驶员的成本。目前就有收费是每千米 1 元加上每分钟 0.1 元的车。"

乐乐："那今后就方便了。"

乐乐爸爸："对的，手机下载一个 App，上传身份证、驾驶证照片，缴纳押金，就获得一个账号。登录账号，就可以开车了。"

47. 国家也要借钱吗？

有一天，乐乐看完电视后就问："爸爸，刚才电视上说，我们国家是美国的最大债权国。"

乐乐爸爸："对的，中国有 1 万多亿美元的债权呢。"

乐乐："美国为什么欠我们这么多钱呢？"

乐乐爸爸："不是美国欠钱，也不是借钱给美国，中国是购买美国的国债。购买国债是一种较稳健的、回报较高的投资方式。"

乐乐："原来是投资。"

乐乐爸爸："买国债是为了获得高额的利息回报，我们知道钱是会贬值的，购买美国国债可以获得平均 4% 的利息回报，我们每年要获得很多的回报。"

乐乐："原来是这样。"

乐乐爸爸："其实购买美国国债最主要的不是因为投资的利率，而是希望稳定我国货币对美元的汇率，这样能保护我国的出口业，购买美国国债能防止人民币升值。中国用来购买美国国债的钱并不是人民币，而是外汇储备，通俗点说就是外国的钱，是我们通过境外贸易等赚的外国货币，再由央行将其买下，形成外汇储备，如果美元贬值或者人民币升值，那种外汇储备都会大幅度贬值。"

乐乐："买美国国债还有这么多原因。"

乐乐爸爸："当世界经济不景气的时候，而中国持有大量的外汇储备，这部分钱流入世界市场有利于搞活市场，快速救市，加速世界经济的回暖，提升中国的大国形象，同时也可提升中国在国际上的实际话语权！"

乐乐："那美国会不会不还国债呢？"

乐乐爸爸："当然，中国购买美国国债也有无奈之处，它的风险在于美国要保证美国经济不能崩盘，保证美元的价值，这样中国的 1 万多亿美国国债才不会贬值。中国买了美国国债，也能增加美国对中国的依赖，有利于建立良好的中美关系。"

乐乐："好复杂。"

乐乐爸爸："债权是把双刃剑。它如同核武器一样，妥善利用则利国利民，稍有不慎则受制于人。所以你要了解什么是国债。"

乐乐："不知道。"

乐乐爸爸："国债就是国家为了弥补财政赤字，也就是国家钱不够了，或者是国家要修大的工程、要打仗时就要发行国债，就是向大家借钱，也可以向其他国家借钱。国家借钱就是卖国债，几年后连本钱和利息一起还你。国债是通过银行发出去的。"

乐乐："国家也要借钱吗？"

乐乐爸爸："当然了，国家和企业一样要发展，国家发国债，企业发债券。但是国债到期就要还给你。国家很讲信用的。"

乐乐："我们中国也要发国债吗？多印点钱不就行了。"

乐乐爸爸："每年国家都要发行国债，钱不能想印多少就印多少，钱印多了，就通货膨胀了，钱就不值钱了。我们国家发行国债，美国也要发行国债，其他国家也要发行国债。"

48. 为什么破产了还要保护?

有个周末，乐乐爸爸带着乐乐去看车展。回家的路上乐乐突然问:"爸爸，电视上都说美国的通用汽车公司破产了，怎么今天还有那么多通用的汽车展出呢?"

乐乐爸爸:"通用公司不是破产了，它是申请了破产保护。"

乐乐:"都破产了还要保护?"

141

乐乐爸爸:"破产保护不是破产倒闭，破产保护是企业经营不好，欠了债，但通过向法院申请破产保护后，企业想办法通过资产重组、政府援助等办法重新生产、经营。通用公司就是在政府援助了 500 亿美元贷款后重新生产经营。"

乐乐爸爸接着说:"美国《破产法》规定了公司如何停止经营或如何走出债务深渊。当一个公司临近山穷水尽之时，可以根据《破产法》来重组业务，争取再度赢利。破产公司，仍可照常运营，公司管理层继续负责公司的日常业务，其股票和债券也在市场上继续交易，但公司所有重大经营决策必须得到一个破产法庭的批准，公司还必须向证券交易委员会提交报告。

如果公司申请破产，公司全部业务必须立即完全停止。由破产
财产托管人来清理（拍卖）公司资产，所得资金用来偿还公司
债务，包括对债权人和投资人的债务。如果是破产清算，股民
手中的股票通常会变成废纸一张，因为破产意味着这个公司无
清偿能力（负债大于资产）了。"

乐乐："我还以为通用公司是垮了的，已经不生产新汽
车呢。"

乐乐爸爸："通用公司已经脱离破产保护，现在的通用公司
又开始赚钱了。"

乐乐爸爸："在美国，企业一旦申请破产保护，它的债权人
暂时不能去追究这个企业的债权，企业就能够有喘息的时间，
在申请破产保护的这段时间之内可以想办法。一旦公司通过破
产保护，走出了破产法庭以后，相当于把身上的债务甩掉了，
可以轻松上阵。破产保护除了维护企业和个人的局部利益外，
还有利于防止失业，可以缓解社会矛盾、保持社会稳定。"

乐乐："那在破产保护的时候，公司还是继续亏损，就要破
产了吗？"

乐乐爸爸："对的，如果在破产保护期公司不能起死回生，
法院就宣告这个公司破产解散。"

乐乐："那国家破产也可以申请保护吗？"

乐乐爸爸："国家一般不会破产，即使破产了国家也还在。"

乐乐："那为什么 2009 年希腊在当时的国家债务危机中就

宣布破产了呢?"

　　乐乐爸爸:"国家破产的意思像是一个形容词,体现一国经济形势的危急,并不预示着这个国家马上就会消亡,或者改换门庭。就拿希腊来说,虽然它的外债远远超过其国内生产总值,但是依然可以在现有的情况下找到克服困难的办法,比如向其他国家借债,寻求国际援助。"

　　乐乐:"那希腊的人现在都很穷吗?"

　　乐乐爸爸:"不是的,希腊的人现在还是有穷有富,只是希腊政府负债太多,无法偿还,所有的国民都会背上债务,并不是要每一个人都去还钱。"

　　乐乐:"喔,那就没关系了。"

　　乐乐爸爸:"当然,全体人民都将活在对内和对外的债务中,他们国家的经济也将面临崩溃的危险。借贷国如果通过借款来控制破产国家,那么其国家将会变成附属国或者傀儡国,在经济上和政治上失去独立,后果还是十分严重的。"

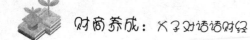

49. 什么是裸捐？

一天，乐乐坐在沙发上看报纸。

乐乐问："爸爸，什么是裸捐？"

乐乐爸爸："裸捐就是把自己的个人资产全部捐给社会，来做慈善，帮助别人。"

144

乐乐："爸爸，报纸上说有个富豪宣布在他离开这个世界的时候，将捐出自己全部财产，说他是'中国裸捐第一人'。那他们把自己挣得的钱捐完了，自己又变成穷光蛋了。"

乐乐爸爸："这其实是一个人的价值取向，人的真正价值不仅体现在能够为社会创造多少效益，更体现在能够承担多少公民责任、履行多少社会义务上。慈善与爱心，不是出于勉强和敷衍，而是一种发自内心、见之行动的自知自觉行为，是'穷则独善其身、达则兼济天下'的情怀。在1932年，就有过'裸捐'的事，这位'裸捐'者，就是担任过民国总理的熊希龄。我们一起来学习熊希龄的故事吧。"

熊希龄（1869—1937年）是我国近代史上著名的政治家、

教育家、慈善家和实业家，是民国时期真正的慈善大亨，也是一名杰出的爱国主义者。

刚创办北京香山慈幼院的时候，熊希龄和夫人朱其慧就产生了要将自己的家产捐办慈善教育事业的想法。朱其慧逝世不久，"九一八"事变就爆发了，湖南、安徽、河北、甘肃等16省此时也相继发生罕见的特大水灾，灾情很严重，灾民很多。

熊希龄决定将自己积攒多年的家产悉数捐给儿童幸福基金，然后以孑然之身奔赴国难。

1932年10月15日，熊希龄邀请周作民、童自强、朱霖等50多名亲友到北平石驸马大街的家中集会，当场宣布要全捐家产以办慈善教育事业。

熊希龄当众宣布对自己家产的处置办法，只给还在上学的孩子留了很少的教育、生活费，把余下的全部巨额家产，包括公债股票34万元、银两6万多两，以及41张房地契、1张矿产股票和1张地契银行存证等多项未计价或无法计价财产，悉数捐充熊朱义助儿童幸福基金社公益基金。

将自己的家产"裸捐"后，熊希龄十分高兴地对众人说："余之一生心愿亦了矣。此后之切实进行，垂诸久远，则所望于董事会矣。敢以恳挚诚笃之心，百拜以谢于董事会之诸君子也。"

乐乐爸爸说："报纸上说的'裸捐'实际上讨论的是富豪们应该回馈社会。对我们普通人而言，应该做一个有爱心的人，力所能及地将钱财等捐给需要帮助的人，做好捐赠。"

乐乐："就是向地震灾区捐款那样做。"

乐乐爸爸："给灾区捐款是对的，但是捐款要量力而行，你还是学生，只能捐你自己的零花钱。"

乐乐："知道，老师说了一方有难、八方支援，同学们都捐了钱。"

乐乐爸爸："捐款是为了帮助别人，因为别人有了困难。我们要关注身边有困难的人，每个人要有爱心。你们从小要学会感恩，学会给予。感恩是一种积极的生活心态，在这种心理暗示下，我们对生活的态度才会积极，才会热爱生活。"

参考文献

林一鸣，2009. 蒙特梭利儿童财商训练班 [M]. 北京：中国金融出版社.

柳泳珍，2009. 小富翁是教出来的：跟孩子一起学理财的24个财商故事 [M]. 崔胜爱，译. 北京：华夏出版社.

朴铁，2010. 决定孩子一生的理财教育 [M]. 金顺善，译. 北京：中信出版社.

坂东真理子，2009. 父母的品格决定孩子的一生 [M]. 宋佳静，译. 北京：中信出版社.

勒诺·斯科纳兹，2010. 放养孩子 [M]. 严冬冬，译. 北京：中信出版社.

詹姆士·杜布森，2004. 让孩子自信过一生 [M]. 许慧珺，译. 北京：中国轻工业出版社.

陆安春，严星，2002. 少儿财商：怎样让孩子从小学会理财 [M]. 北京：台海出版社.

147

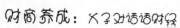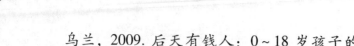

乌兰，2009. 后天有钱人：0~18 岁孩子的理财教育方案[M]. 北京：北京大学出版社.

叶雅，2007. FQ 财商：让孩子一生拥有财富的 108 个励志故事[M]. 沈阳：辽宁少年儿童出版社.

罗伯特·弗兰克，2008. 牛奶可乐经济学[M]. 闾佳，译. 北京：中国人民大学出版社.